Vywamus/ Janet McClure

Die Kunst des Channelns

Vywamus/Janet McClure

Die Kunst des Channelns

—Einblicke in Funktion und Wirkensweise—
Ein Lehrbuch

ch. falk-verlag

Aus dem Amerikanischen von
Dr. Mechthild Borries-Knopp

Redaktion: Ch. Falk

Erstveröffentlichung
© ch. falk-verlag, seeon 1989

Titel des amerikanischen Manuskripts:
Channeling Insights
® by The Tibetan Foundation

3. Auflage, April 1996

Umschlaggestaltung: Manuela Rosenkind

Satz: Indragni, Ascheberg-Herbern
Druck: F. Steinmeier, Nördlingen

Printed in Germany
ISBN 3-924161-28-3

Inhalt

Wer ist Vywamus?

Meine Freunde,

Ich, Djwhal Khul, habe die Ehre, euch Vywamus vorzustellen — ein großes Wesen, das zu uns gekommen ist, um in dieser entscheidenden und wunderbaren Zeit zu dienen, wo die Menschheit danach strebt, spirituelles Bewußtsein zu entwickeln, wo sie die veralteten Formen abstreift und in größerem Lichte in das Neue Zeitalter hineingeht. Viele geistige Lehrer erscheinen, damit dieser Übergang so schmerzlos und klar wie möglich und auf einer möglichst hohen Ebene vor sich gehen kann.

Vywamus ist ein Wesen von sehr hohem Bewußtsein. Er ist ein höher entwickelter Aspekt von Sanat Kumara, dem Logos unseres Planeten, der die Erde und alles, was auf und in ihr lebt, beseelt. Seine Aufmerksamkeit, sein Brennpunkt des Bewußtseins „hält" effektiv die Erde „zusammen". Vywamus stellt eine noch höhere Ebene dieses Bewußtseins dar. Man kann sagen, er ist das „Höhere Selbst", wie wir es manchmal nennen, oder die Seele von Sanat Kumara.

Um seine jetzige „Stellung" zu erreichen, wählte Vywamus die Kette physischer Inkarnationen — genau wie die Menschheit. Seine Wahl, sich in physischem Sein auszudrücken, fand vor Äonen von Jahren statt, und er lebte auf einem ähnlichen Planeten wie die Erde. Während seiner physischen Existenz erhielt er Gelegenheit, ein Kanal für höhere Energien zu sein. Er erlangte dadurch eine klare Wahrnehmung und ging rasch — nach nur siebenunddreißig Inkarnationen — in die geistige Sphäre über.

Jetzt hat er sich in seiner großen Liebe entschlossen, der Menschheit beizustehen. Ein außergewöhnliches Medium, Janet McClure, empfing dieses Lehrbuch, das er der Menschheit in Liebe schenkt.

Ich nehme diese Lehren dankbar an, meine Freunde, und bitte euch, dasselbe zu tun.   Djwhal Khul

Lektion 1

Wie aufregend! Du hast mich um diese Unterrichtsserie über den Vorgang kosmischer Übermittlungen, das Channeling, gebeten. Ich, Vywamus, empfinde es als ein Privileg, mich mit dir über diesen Vorgang zu unterhalten, so daß du den Channeling-Prozeß umfassender verstehen lernst. Dieser ganze Vorgang ist nämlich weitaus komplexer, als wir ihn bisher in den einführenden Channel-Clearing-Seminaren erklärt haben. In unseren früheren Darstellungen haben wir den Übertragungsvorgang in gewisser Weise vereinfacht, damit du zunächst einmal verstehen konntest, worum es dabei eigentlich geht. Nun aber ist dein Verständnis über diese einfache Darstellung hinausgewachsen und du bist fähig, differenziertere Erklärungen über diesen Vermittlungsprozeß aufzunehmen. Gewiß, im tiefsten Sinne handelt es sich dabei um eine Partnerschaft zwischen der spirituellen und der physischen Ebene, wobei der Schwerpunkt aber auf der spirituellen Ebene liegt. Treffen die beiden aufeinander, entstehen bestimmte Wirkungen und neue Möglichkeiten, die vorher nicht da waren.

Ich möchte diese Unterrichtsserie damit beginnen, zunächst einmal über den physischen Körper zu sprechen. Was geschieht mit diesem Körper während des Übertragungsvorgangs? Als Kanal, der die Durchgaben empfängt, befindest du dich zwar in einer Entwicklung; aber in welcher Weise dieser Vorgang deine spirituelle Entwicklung zu fördern vermag, ist dir noch nicht voll bewußt. Ich habe die Absicht, dir diese Möglichkeiten nun deutlicher zu zeigen.

Es ist wichtig, zu erläutern, was während des Übertra-

9

gungsvorgangs mit den Schwingungen im physischen Körper geschieht. Zunächst einmal muß gesagt werden, daß die Höhe deiner Schwingungen der Höhe deines Bewußtseins entspricht, also deiner Vorstellung davon, wer du als göttliches Wesen bist. In dem Maße, wie du neue Erkenntnisse gewinnst, neue Möglichkeiten entdeckst, den Weg geistiger Entwicklung beschreitest, werden die Schwingungen deines Wesens immer feiner gestimmt. Sie werden ausgeglichener, empfänglicher für die Inhalte der spirituellen Ebene oder für das, was wir als deine seelische Entwicklung bezeichnen könnten. Diese feinere Gestimmtheit deiner Schwingungen im physischen Körper ruft buchstäblich die Entwicklung, die du anstrebst, herbei. Die Schwingungshöhe im physischen Körper ruft die spirituelle Entwicklung hervor. In anderen Worten: Dein Wunsch, als Übertragungsmedium zu dienen, bewirkt eine Öffnung in dir, die dich für die spirituellen Begegnungen empfänglicher macht. Diese wiederum vermögen deine Entwicklung in hohem Maße zu beschleunigen. Das ist eine wirklich aufregende Sache. Doch wir wollen diesen Vorgang hier vor allem einmal in Hinblick auf den physischen Körper betrachten — in dieser ersten Lektion noch ganz allgemein, doch in weiteren Lektionen, aber nicht unbedingt der Reihe nach, sehr viel mehr im Detail, was die Funktion bestimmter Organe und Drüsen bei dem Übertragungsvorgang betrifft. Zunächst also wollen wir uns ganz allgemein mit dem Energiekörper und dem physischen Körper befassen. Wenn du dazu bereit bist, Kanal zu sein, willigt dein Energiekörper ein, seinen „Raum" mit einer subtileren Form von Energie zu teilen, als er sie bisher zu erzeugen vermochte. Dein Energiekörper ist nicht aus fester Materie. Er enthält in sich Räume, die dazu da sind, Informationen zu empfangen, Informationen, die deiner Entwicklung dienen. Auf diese Weise ist jeder — in unterschiedlichem

Maße — fähig, Botschaften aus der spirituellen Welt zu empfangen. Im allgemeinen ist es nicht so schwierig, sich einem geistigen Lehrer oder einer spirituellen Kraft zu öffnen.

Genau das geschieht in der Meditation: Man öffnet sich und wird für feinere Schwingungen empfänglich. Man hat dabei vielleicht das Gefühl, in andere Räume vorzudringen, aber in Wirklichkeit ist das nicht so, zumindest nicht, was die physischen und energetischen Strukturen betrifft. Dein Bewußtsein mag umherwandern, aber dein Energiekörper und dein physischer Körper empfangen während der Meditation oder des Channelns an ihrem Ort die feineren Schwingungen in den Räumen, die dafür vorgesehen sind. Wenn nun diese Räume mit den feineren Schwingungen angefüllt sind, gleicht der Energiekörper seine Schwingung diesen an und verbindet sich mit ihnen. In anderen Worten, während des Channeling-Vorgangs wird die Schwingungsfrequenz erheblich schneller (höher, feiner).

Nehmen wir nun einmal an, daß du eine Stunde lang Durchgaben empfangen hast und die Kommunikation sowie die Anstrengung der Übermittlung beendet sind. Was geschieht nun mit den Schwingungen? Die Verbindung mit der höheren Energie geht nie ganz verloren. Das zu verstehen, ist überhaupt das Allerwichtigste. Da diese Verschmelzung der Energien zu Beginn der Übertragung einmal stattgefunden hat, kann sich dein Energiekörper soviel spirituelle Kraft aneignen, wie es seine eigene Struktur erlaubt.

Mit anderen Worten, wenn deine Entwicklung so weit fortgeschritten wäre, daß dir die Qualität von Djwhal Khuls Energie bewußt wäre, so könntest du für alle Zeiten auf dieser Erfahrungsebene verweilen, auch wenn die Übertragung beendet ist. Es liegt allerdings auf der Hand, daß du in einem solchen Falle seine Durchgaben gar nicht empfangen würdest. Du könntest nämlich einfach von deinem eigenen Bewußtseinsstand her dieselben Erkenntnisse vermitteln. Etwas von diesen feineren Schwingungen wird also deinen Energiekörper wieder verlassen, aber niemals alles. Niemals. Zwar bleibt für viele von euch nur ein verhältnismäßig kleiner Rest übrig, aber wenn du täglich Durchgaben empfängst, kannst du mit dieser täglichen Öffnung zur spirituellen Welt viel gewinnen. Kannst du das einsehen?

Was also geschieht mit diesen Schwingungen? Durch die Öffnung für die Übermittlung füllen sich die Räume deines Energiekörpers mit spiritueller Energie, wie wir schon sagten. Wenn dann der Übermittlungsvorgang beendet ist, verschwindet der größte Teil dieser feineren Energie wieder, aber es bleibt immerhin noch so viel zurück, daß die Erinnerung daran gespeichert wird. Das wollen wir eine Bestätigung nennen. Von der Energie her gesehen hat sich die Erfahrung einer feineren Energieform oder die Möglichkeit einer höheren Entwicklung bestätigt.

Wenn feinere oder sogenannte höhere Schwingungen auf eine niedrigere Schwingungsebene treffen, lösen sich Widerstände oder Kristallisationen in uns, und die eigene Schwingungsfrequenz erhöht sich. Wenn man Durchgaben empfängt, erfährt unser Selbst eine solche De-kristallisation (Entflechtung, Lockerung). Es ist wichtig, sich das klarzumachen.

Nun ist dieser Prozeß der De-kristallisation aber ziemlich verzwickt. Während dieser Verbindung mit der höheren Energie dringen bestimmte Inhalte in unser Bewußtsein, die wir in unser Verständnissystem einzugliedern versuchen. Nehmen wir einmal als Beispiel ,bedingungslose Liebe'. Wie kann ich das in mein Leben integrieren? Wie kann ich das verwirklichen? Wie kann ich das leben, ohne es ständig mit all dem zu vermischen, was aus meiner

12

Vergangenheit hochkommt? Inwieweit entspricht dieses Ideal dem Stand meiner spezifischen Entwicklung?

Dieser Inhalt bedingungsloser Liebe hat durch den Channeling-Prozeß eine Bestätigung oder Stimulierung erfahren. Nun kann eine solche Stimulierung aber auch gerade einen Widerstand dagegen wecken oder an die Oberfläche bringen. Das Ziel aber ist die Integration, und man muß diese Widerstände überwinden, um weiterzukommen. In einem solchen Falle sollte man sie mit einer geeigneten Methode auflösen.

Es kann aber auch vorkommen, daß dein Energiekörper von dem Prozeß ganz aufgewühlt wird und der Ansturm von Energie ziemlich chaotisch und irritierend wirkt und du nur schwer damit umgehen kannst. Im allgemeinen sind gerade diese Situationen für dich persönlich besonders wichtig. Irgend etwas kommt hoch, was du anschauen sollst, dem du dich stellen sollst, und gerade das bedarf einer Klärung. Wenn so etwas geschieht, ist das immer ein wichtiger Hinweis für deine Entwicklung. Viele eurer bekannten Channels auf der Erde haben bis jetzt diesem Sachverhalt zu wenig Aufmerksamkeit geschenkt. Sie haben die Wichtigkeit dieser an die Oberfläche drängenden programmierten Inhalte oder den beschriebenen Vorgang der De-kristallisation nicht genügend beachtet. Als Folge davon wurde dieser chaotische Energiefluß nicht in die physische Struktur integriert und somit auch nicht aufgelöst. Die Energie geriet immer mehr durcheinander und führte schießlich zu einem körperlichen Leiden. Wenn diese Widerstände also nicht geklärt werden, dringen sie tief in die physische Struktur ein und suchen dort eine Lösung, und wenn sie sie auch dort nicht finden, ziehen sie den physischen Körper in Mitleidenschaft.

Ich will euch nun aber wirklich keine Angst einjagen, sondern nur verdeutlichen, wie wichtig es ist, diese Verbindung, die ihr als Kanal herstellt, als Werkzeug für eure eigene Entwicklung zu nutzen. Wenn du das Channeln bewußt als Werkzeug zur Klärung benutzt, kannst du eine Lösung für alle die Inhalte finden, die währenddessen in dir aufsteigen und die du bis jetzt noch nicht in dein Leben hast integrieren können. Wir wollen in diesen Lektionen solche Möglichkeiten aufspüren und Schritt für Schritt erkennen, wie wir den Channeling-Vorgang in einer bewußten und integrativen Weise unserer persönlichen Entwicklung und vor allem der Entwicklung unseres Planeten Erde dienstbar machen können.

Die Abbildungen, die den schriftlichen Erläuterungen folgen, sollen euch helfen, diesen Austausch von Energien während des Channelns als einen fortschreitenden Entwicklungsprozeß zu verstehen.

Stufe 1 (Seite 18) ist der Anfang. Beachte den breiten Strahl ankommender Energie bis ins Kehlkopf-Chakra, das durch diese Stimulierung zu strahlen beginnt. Die ankommende Energie wird durchs Kehlkopf-Chakra geleitet und dann nach außen gestrahlt. In diesem Anfangsstadium besteht außer zu dem Kehlkopf-Chakra nur sehr wenig Kontakt zu allen anderen Chakren. Ich möchte hier zu Anfang betonen, daß ich euch natürlich nur einen Einblick in die Begegnungen mit denen gebe, die mich, Vywamus, empfangen und vermitteln. Andere Lehrer benutzen andere Methoden und Mittel. Wir können aber hier verallgemeinernd sagen, daß auf dieser ersten Stufe des Channeling-Vorgangs das Kehlkopf-Chakra der erste Kontaktpunkt ist, gleich, welche Form der Übermittlung man wählt, ob als sprachlicher oder heilender Channel, ob als malender, tanzender oder singender Künstler. Wenn dieses Chakra blockiert ist, so kann das auch die Blockierung des Channeling-Vorgangs zur Folge haben, und zwar so lange, bis das Chakra offener ist und die Widerstände darin beseitigt sind.

Die Abbildung zur ersten Stufe zeigt, wie die ankommende Energie sofort auch das Scheitel- oder Kronen-Chakra stimuliert. Es ist aber in diesem Diagramm nicht zu sehen, daß auch all die höheren Chakren, vom achten bis zum zwölften, gleichzeitig mit stimuliert werden. Wenn man nun fortfährt, seine Fähigkeiten zu channeln weiter auszubilden, so entsteht durch den ständigen Energiefluß eine Art Verbindungssystem zwischen dem Bewußtsein oder der Perspektive der physischen Ebene und den höheren Chakren. Wie man auch diese höheren Chakren nutzbar machen kann, werde ich in einer späteren Lektion erklären.

Schaut euch nun die Darstellung zur zweiten Stufe (Seite 19) an. Vergleicht die Abbildungen miteinander und beachtet, daß der Energiestrahl in dem zweiten Diagramm verschwunden ist. Das Energiefeld ist sehr viel breiter geworden. Es konzentriert sich nun im Kronen-Chakra, das den gesamten Kopfbereich stimuliert. Ihr könnt auch sehen, daß ein (schlauchförmiger) Energiestrahl vom Scheitel durch das Dritte Auge führt und das Herz zu stimulieren beginnt. Die Energie des Channels, die Verbindung mit der spirituellen Perspektive, wird viel „solider". Auf der zweiten Stufe wird sie viel realer erfahren. Beachtet auch, daß die Energie nun viel weiter ausstrahlt. Sie umfaßt die Arme vollständig und dringt in die obere Brusthälfte des physischen Körpers ein (geschlängelte Linien). Im Bereich zwischen Kehlkopf und Herz könnt ihr eine Konzentration von Energie erkennen. Es gibt noch eine weitere Stimulierung von Energie, die auf der Zeichnung nicht zu sehen ist. Sie geht aus vom Scheitel, stimuliert das dritte Auge und strahlt dann in den Hals. Um diesen Energiestrahl zu erkennen, müßte man in den Kopf hineinblicken können. Der Kopf und alle inneren Bereiche des Kopfes werden stimuliert. In einer späteren Lektion werde ich detailliertere Aussagen über diese Stimulierung machen, damit ihr das alles vollständig verstehen könnt.

Auf der zweiten Stufe des Channeling-Prozesses wird die ankommende Energie nicht mehr als harter oder kompakter Strahl erfahren, sondern ihre Wirkung ist ausgedehnter und sie strahlt weiter aus. Das bedeutet gleichzeitig, daß der Channel sich nun auf dem Weg seiner/ihrer Entwicklung befindet, und dadurch entsteht dieser zunehmende oder sich ausdehnende Strahlungseffekt. Das Herz ist der Schlüssel zum Channeling-Prozeß, und auf der zweiten Stufe wird das Herz zwar schon stimuliert, aber es wird noch nicht zum Zentrum des Channeling-Vorgangs.

Integration ist ein wichtiger Aspekt des Channeling, und je mehr du dich öffnest und je bewußter dir dieser integrative Vorgang wird, desto besser wirst du die verschiedenen Stufen des Energieaustauschs miteinander verbinden können. Der physische Körper kann dabei als Werkzeug dienen, um Integration zu lernen. Es ist wichtig zu erkennen, daß diese Stufen nicht statisch, sondern fließend sind und sich ständig weiterentwickeln. Auch wenn man noch ein Anfänger im Channeln ist, kann man manchmal bei bestimmten Arten des Channeling schon Zugang zur zweiten Stufe haben. In einem Vortrag über ein bestimmtes Thema kannst du vielleicht schon auf der zweiten Stufe channeln, während du dich bei anderen Themen noch auf der ersten Stufe befindest. Später werden wir zeigen, wie sich die Beziehung der vier Körper zu den verschiedenen Stufen des Channeling auswirkt. Jetzt aber geht es um den physischen Körper, und wir wollen diesen Bereich genau betrachten.

In diesen Lektionen wollen wir uns ein umfassenderes Verständnis der vier Körper innerhalb des Channeling-Vorgangs erarbeiten. An dieser Stelle behandeln wir das

Zusammenspiel oder die Integration der Seelenenergie oder der Energie des Lehrers mit der physischen Struktur. Es macht einen kleinen Unterschied, ob du die Seele channelst oder mich, Vywamus. Wenn du deine Seele channelst, so ist das eher ein individualistischer Vorgang oder ganz deine eigene Kreation. Im Verlauf dieser Lektionen werde ich die Unterschiede noch genauer aufzeigen. Wir werden sieben Diagramme betrachten, die dir einen fortschreitenden Gebrauch des Kanals verdeutlichen, wenn du mit mir, Vywamus, in Kontakt bist. Ich weiß, daß du dich fragst, warum es so wichtig ist, all dies zu verstehen, und ich möchte daher betonen, daß Channeling eine Art Kunst ist, die viele Komponenten hat. Es liegt ein hohes Maß an Komplexität darin, das wir zusammen „meistern" wollen. Während du mich channelst, findet eine Begegnung, ein Fließen, ein Tanzen miteinander statt. Wenn du erkennst, wie die Energie von der einen Stufe zur anderen fließt, wirst du den Vorgang des Channeling umfassender verstehen. Die Fortsetzung folgt in der nächsten Lektion.

Ich habe dieser Lektion noch eine Meditation beigefügt, die du durchführen solltest, bevor du zur nächsten Lektion übergehst.

Ich danke dir und sende dir meine Liebe!
Vywamus

Stufe I
Interaktion der physischen Energie mit Vywamus im Channeling-Prozeß

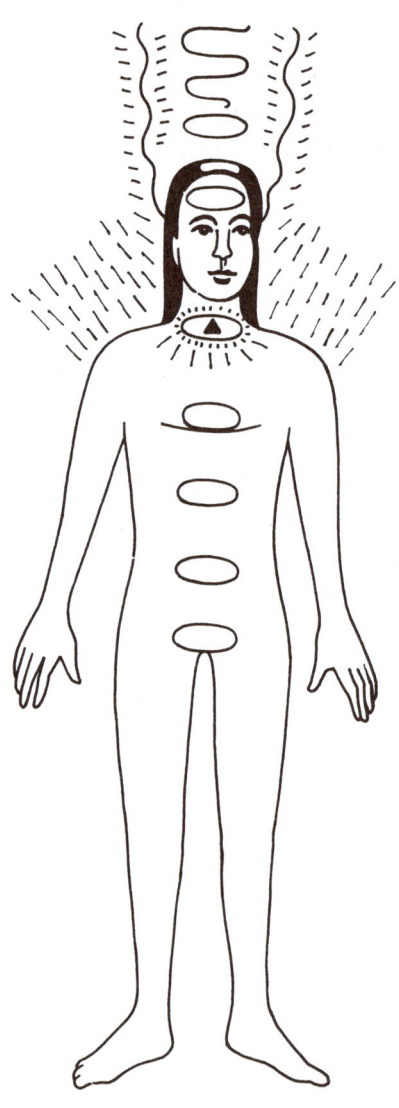

Stufe II
Interaktion der physischen Energie mit Vywamus im Channeling-Prozeß

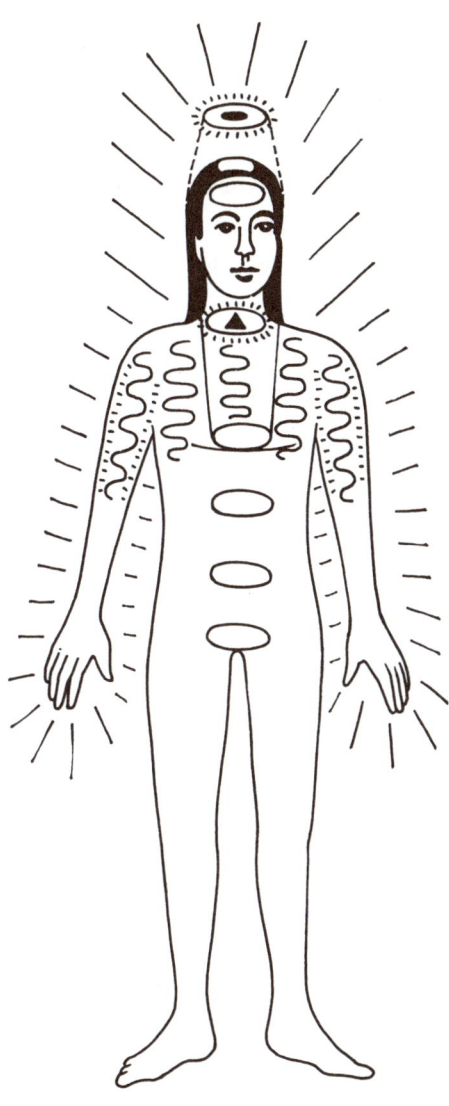

MEDITATION

Sieh, wie du dich zu öffnen beginnst, dich mehr und mehr öffnest, bis du zu einem sehr großen Kreis geworden bist. Du bist nun dieser große, große Kreis. Sieh nun, wie Energie, goldene Energie in diesen Kreis hineinfließt. Sie füllt den Kreis aus und nimmt alle Farben des Regenbogens an. Das Gold verwandelt sich in alle Farben, du siehst Blau, Orange, Rot, Rosa, Violett, alle Farben schillernd und glänzend. Schau, wie sich diese Energie, die deinen Kreis ausfüllt, bewegt und fließt. Nun beginnt sie sich in eine Spirale zu „ordnen", und diese Spirale wird weiß und leuchtend. Auch der Kreis verwandelt sich in eine Spirale, die sich in keiner bestimmten Richtung bewegt, du kannst sie sich im Uhrzeigersinn oder gegen den Uhrzeigersinn bewegen sehen, frei nach Wahl. Sieh diese einfließende goldene Energie, wie sie sich in das gesamte Farbenspektrum der Energie verwandelt und dann in eine schillernde Spirale fließt.

Übe diese Technik fünf Minuten täglich, bis du zur nächsten Lektion übergehst.

Lektion 2

Dies ist die zweite Lektion unserer Unterrichtsserie über Channels. Vielleicht hast du noch nicht darüber nachgedacht, daß dein physischer Körper das Volumen der Energie des Lehrers vergrößert oder vermehrt, wenn sie in den physischen Körper eintritt oder, anders gesagt, wenn sie sich körperlich manifestiert.

Deswegen lernen wir auf der spirituellen Ebene, die Energie, die wir euch zur Verfügung stellen, gewissermaßen zu verdünnen. Da wir wissen oder durch Erfahrung herausgefunden haben, daß ihr manchmal zuviel Energie aufnehmt und dann damit nicht in der rechten Weise umgehen könnt, bemühen wir uns, euren physischen Körper nicht zu überfluten oder ihm Schwierigkeiten zu bereiten. Deshalb werden die Schwingungen einer Botschaft von der spirituellen Ebene, die vermittelt werden soll, ein wenig verlangsamt. Das gilt zumindest für mich, Vywamus, und alle die Lehrer, die mit der Stiftung verbunden sind. Ich habe tatsächlich eine genaue Studie darüber gemacht, wie stark die Energie verdünnt oder verlangsamt werden muß.

Wir berechnen das jeweils proportional oder in einem ungefähren Verhältnis zu der Schwingung des Channels. Durchschnittlich wird die Energie etwa um ein Drittel verlangsamt. Ich betone aber nochmals, daß dies sowohl von dem Channel wie auch von der Methode des jeweiligen Lehrers, wie er in den Körper eintritt, abhängt.

Ich, Vywamus, umhülle zunächst den Körper und umkreise ihn vollständig, wenn der Kanal geöffnet ist. Du auf der physischen Ebene kannst soviel Energie von der Botschaft, wie du selbst wahrnehmen kannst, durchbringen.

21

Ich helfe dir von der spirituellen Ebene aus dabei, indem ich deinen physischen Körper spiralförmig mit meiner Energie umgebe, so daß er von ihr ganz eingehüllt ist. Zur gleichen Zeit trete ich oder besser, tritt meine Enrgie tatsächlich in den physischen Körper ein. Die Öffnung des Channels macht das möglich. Manchmal gehe ich vollständig in den Körper hinein, aber das hängt von der jeweiligen Situation ab: von dem Zweck des Channeling, der Art des Channeling, von dem Zustand der physischen und energetischen Struktur des Channels in diesem besonderen Augenblick und natürlich auch von der Stärke des Widerstands im Unterbewußtsein, der noch, von meiner Energie geweckt, verstanden und aufgelöst werden muß. Ich halte es für wichtig, auf die Bedürfnisse des Channels mit Feingefühl einzugehen, auf seinen Lernprozeß genauso wie auf seine Entwicklung. Eines der wichtigsten Ziele des Channeling ist es, den Entwicklungsprozeß zu fördern, und ich kann bei dem Channel das Gefühl, unterstützt zu werden, spüren, wenn ich seine physische Struktur während der Übermittlung ganz umgebe, auch wenn die meisten Channels nicht wissen, daß ich das tue.

Manchmal, wenn jemand auf den Ersten Strahl (Aspekt des Willens) programmiert ist oder wenn der Channel daran arbeitet, seinen persönlichen Willen dem göttlichen Willen zu unterwerfen, kann dieser Umhüllungsprozeß selbst einen Lernprozeß in Gang setzen. Wenn ich gefragt werde, kann ich direkt durch den Channel genauer erklären, was ich in jedem einzelnen Fall tue und wie ich den Vorgang des Channelns unterstütze oder stabilisiere. Channeling, das den gesamten Körper erfaßt, kann sehr wichtig sein, und man lernt das am besten stufenweise. Auch dieses Channeln mit dem ganzen Körper ist unterschiedlich. Wir können entweder einen feinen Energiestrahl in den Körper senden, der nur sanft unterstützend wirkt, ohne Schwingungen zu erzeugen, die für den Channel nur schwer zu verkraften sind. Auf diese Weise verhindern wir die „Zuckungen", die manche Channels erleben, wenn ihre Schwingung plötzlich von einer Ebene zur andern angehoben würde. Vergiß nicht, daß wir auf der spirituellen Ebene dafür Verantwortung tragen. Ich, Vywamus, halte es für ganz wichtig, und ich bemühe mich, auch vielen anderen auf der spirituellen Ebene die Einsicht zu vermitteln, wie nötig es ist, die physische und energetische Struktur des Channels zu nähren. Ich habe dies zu meiner Aufgabe gemacht, weil ich die Schönheit und die Harmonie, die Wichtigkeit und die kommunikativen Möglichkeiten des Channeling-Vorgangs so stark empfinde, und ich heiße deine Liebe und Freude willkommen, die du mir durch deinen Kanal sendest. Öffne dich mir, wenn dir daran gelegen ist, und erbitte eine größere Energiezufuhr für den Channeling-Prozeß.

Es gibt verschiedene Verfahren, die beim Channeln angewandt werden. Ich will eines erwähnen, das einige von euch schon kennen und das als *Verankerungsprozeß* bezeichnet wird. Es ist beinahe einer Impfung zu vergleichen. Eine verdünnte Menge von Energie eines bestimmten Lehrers wird in die Kopfgegend (des Energiekörpers, nicht der physischen Struktur) eingeflößt. Das hat eine Woge von Energie im ganzen System zur Folge, die die Schwingungsfrequenz der physischen und energetischen Struktur innerhalb von wenigen Tagen erhöht, und dieser Steigerungsprozeß dauert an. Dieses Verfahren wurde angewandt, als Janet mit dem Channeln begann. Djwhal Khul entschied sich dafür, weil er wußte, daß sie jeden Tag viele Stunden channeln würde. Wenn die Schwingungsfrequenz ständig erhöht ist, wird damit die Möglichkeit einer Störung durch all das verringert, was noch im Unbewußten festsitzt und was wir falsche Vorstellungen oder Denkmuster nennen.

Über dieses Problem haben wir schon ein wenig in der ersten Lektion gesprochen.

Für diejenigen, die erst mit dem Channeln beginnen oder nur kurze Zeit täglich darauf verwenden, ist dieses Verfahren nicht nur unnötig, sondern es ist auch nicht ratsam. Es gibt hier verschiedene Varianten, und in jedem Fall behalten wir auf der spirituellen Ebene uns das Recht vor, zu entscheiden, welches Vorgehen für den jeweiligen Channel und die zu leistende Arbeit sowie für die Art der Verbindung besonders geeignet ist. Du siehst also, daß es sehr viele Arten zu channeln gibt.

Eine andere Methode, die mit viel Erfolg angewandt wurde, läßt sich als *Anlege-System* umschreiben. Hierbei hakt sich der Lehrer einfach in dem Energiefluß des Channels fest, wenn dieser ihn darum bittet oder offen dafür ist.

Diese Methode ist sehr effektiv und wird von den Lehrern, die mit der Stiftung arbeiten, allgemein benutzt. Es gibt sehr viele Methoden. Ich, Vywamus, empfehle nicht das Channeln im Trancezustand. Da du mich ja schon kennst, verstehst du auch die Gründe dafür. Ich weiß, daß ihr viel lernen könnt, wenn ihr die Botschaft bewußt aufnehmt. Deshalb möchte ich nicht, daß ihr eine solche Gelegenheit zu lernen versäumt. Diese Lernmöglichkeit umfaßt ja viel mehr als nur das Zuhören. Du nimmst teil an der Lernerfahrung eines anderen. Du bist bei einer persönlichen Verabredung anwesend, und in die Kommunikation des Channeling-Vorgangs sind alle Körper: der emotionale, mentale, physische und spirituelle mit einbezogen. Wenn du während des Channelings ganz bewußt bist, nimmst du an einer so vielschichtigen Kommunikation teil, wie sie in keiner anderen Situation auf der Erde möglich ist, zumindest kenne ich keine.

Viele von euch sind schon Trance-Channels gewesen, und einige spirituelle Lehrer benutzen nur solche. Vielleicht sind sie noch neu auf der Erde, oder sie haben Channels nur in dieser einen Art benutzt. Der Vorgang beim Trance-Channeling ist ein wenig anders. Das Bewußtsein ist ausgeschaltet. Dagegen ist das Unbewußte bei den meisten Arten von Trance-Channeling wach. Wie sehr es wirksam ist, mag verschieden sein. Aber in allen Fällen, wo jemand sich einer physischen Struktur bedient, beeinflussen Reste von Bewußtsein aus dem gegenwärtigen Zustand des Unbewußten den Channeling-Vorgang. Das gilt selbst für jene Channels, die während des Vorgangs „ihren Körper verlassen". Selbst ihre physische Struktur hat in den Zellen Erinnerungen gespeichert, und diese sind während des Channelns einfach da. Das bedeutet nichts „Negatives". Es bedeutet einfach nur, daß deine Identität deinem physischen Körper während seines Wachstums und Aufbaus ständig eingeprägt wird. Selbst wenn ein anderer sich seiner bedient, sei es beim Channeln oder als Walk-in, bleiben immer noch diese Wirkungen aus dem Aufbau oder dem Wachstum jener Struktur zurück.

In diesen Lektionen will ich dir zeigen, daß deine physische Struktur zu dem elektromagnetischen Lichtinstrument wird, das du gern sein möchtest. Jedesmal, wenn du channelst, nimmst du an Bewußtsein zu, das heißt, mehr Licht dringt ein und deine energetischen Schwingungen werden feiner gestimmt. Dieses Licht lehrt deine physische Struktur, wie sie ein stärkeres Wattsystem benutzen kann, so lange, bis du es konsequent anwenden kannst. Man könnte sagen, es dehnt deine Schwingungen aus. Ich führe diesen Punkt deswegen immer wieder an, weil er so wichtig ist. Jedesmal, wenn du channelst, wird die Reaktion auf den Übermittlungsvorgang stärker, und auf diese Weise kannst du deinen Kanal vertiefen und aufnahmefähiger machen. Der Vorgang des Channeling selbst bewirkt das, und deshalb betonen wir so sehr die Notwendigkeit ständiger Übung für den Channel. Indem wir uns an dich wenden und dir den Channeling-Vorgang in umfassender Weise erklären, wirst auch du mehr und mehr erkennen, daß dies das Wichtigste überhaupt ist, was du für deine Entwicklung tun kannst. Zumindest ist das meine feste Überzeugung.

Wir wollen nun wieder über den fortschreitenden Energieaustausch oder die Integration der Energie während des Channeling-Vorgangs sprechen. Am Ende dieser Lektion befindet sich das Diagramm zur Stufe 3. Während du es betrachtest, solltest du die Diagramme zur Stufe 1 und 2 danebenlegen und sie miteinander vergleichen, um den Fortschritt feststellen zu können.

Das Wichtigste auf der dritten Stufe ist die Energie, die man als *Seelenstern* oder achtes Chakra bezeichnet. Sie erscheint in zwei Ringen und zeigt eine hohe Energiemenge. Beachte, daß diese Ringe genau über oder um das Kronen-Chakra herum kreisen. Auf dieser Stufe wird die Seele empfangen. Die Einbeziehung des achten Chakras auf der dritten Stufe bringt die Seele im Channeling-Vorgang mit ins Spiel. Du erinnerst dich sicher, daß ich dir in der letzten Lektion erklärt habe, daß die Stufen nicht statisch sind, so daß manchmal auch ein Anfänger schon die dritte Stufe erreichen kann, obwohl er normalerweise auf der ersten Stufe channelt, möglicherweise auch auf der zweiten Stufe, aber das ist nicht zwangsläufig so. Die Stufen werden nicht in der genauen Reihenfolge eingehalten, obwohl es insgesamt eine natürliche Progression von einer Stufe der Integrationsfähigkeit zur andern gibt.

Jetzt wollen wir uns gemeinsam die dritte Stufe anschauen. Beachte zunächst die Veränderung hinsichtlich der ankommenden Information oder des spirituellen Kontakts auf der physischen Ebene. Die wellenförmigen

Linien, die den Kopf umgeben, deuten an, daß die Verbindung nun „solider" ist, weil der Seele umfassendere Mittel zur Verfügung stehen, um diese Verbindung mit dem Spirituellen herzustellen. In den späteren Lektionen werde ich über die verschiedenen Bewußtseinsstufen auf der spirituellen Ebene sprechen, nun aber beschäftigen wir uns mit der gefestigten spirituellen Verbindung auf der dritten Stufe. Diese Stabilisierung der Verbindung wird einerseits von der Seele erzeugt und wirkt andererseits auch in die Seele hinein. So fördert die Seele an dieser Stelle in einem wechselseitigen Prozeß das Geschehen auf dieser Stufe.

Du kannst auch erkennen, daß das Kehlkopf-Chakra noch immer am Channeling-Prozeß beteiligt ist. Aber nun beginnt das Zusammenspiel mit dem Herzen. Wie könnte es auch anders sein? Wenn die Seelenenergie frei wird, so findet im Herzen dieser Zentrierungsprozeß der Seele statt. Daher fließt immer mehr Energie in dieses Herzzentrum. Auf dieser dritten Stufe geht eine ausgedehnte Dekristallisation im Herzen vor sich, und man kann die Ausdehnung der Energie im physischen Körper erkennen. Sie fließt in die Arme und am Körper entlang. Der gesamte Körper wird mehr und mehr in den Channeling-Vorgang einbezogen. Zunächst mag das auf sehr subtile Weise geschehen und der Channel ist sich dessen vielleicht gar nicht bewußt. Man könnte sagen, ich gleite so sanft wie möglich in den Körper. Ich will euch ja keine Schwierigkeiten bereiten. Am unteren Ende des Diagramms könnt ihr sehen, wie die Energie den physischen Körper zu umgeben beginnt. Auch die untere Hälfte des Körpers ist nun von meiner Energie eingehüllt. Beim Channeling-Prozeß können die Beine erst als letzte die Energie aus der spirituellen Ebene aufnehmen. Um zu verstehen, warum das so ist, muß man sich die symbolische Bedeutung der Beine vergegenwärtigen. Das linke bedeutet natürlich die Rezeptivität, die eure Entwicklung fördert. Das rechte Bein symbolisiert mehr die dynamischere Komponente in eurer Entwicklung. So symbolisieren die Beine also die Vorwärtsbewegung eurer Entwicklung, die rezeptive wie auch die dynamische.

Wir müssen das Verständnis dafür, wie du dich entwickeln kannst und wer du eigentlich bist, schrittweise vertiefen. Ich sehe dabei meine Anwesenheit oder meine Unterstützung während des Channeling-Vorgangs vom Aspekt der Energie her als hilfreich an. Deshalb umgebe ich den physischen Körper gradweise zunehmend mit meiner Energie in dem Maße, wie du dich öffnest. Auf diese Weise können auch die Beine meine Energie allmählich absorbieren. Ich dringe mit meiner Energie nicht tief und plötzlich ein, weil das im physischen Körper eine schockartige Wirkung haben kann. Ich habe herausgefunden, daß eine sanfte Wahrnehmung meiner Anwesenheit rund um den Körper sehr wirksam ist. Die nächste Lektion wird die Progression der von mir entwickelten *Umhüllungstechnik* weiter ausführen.

Auf der dritten Stufe beginnt eine mentale Durchdringung der physischen Struktur, die die Vollkommenheit und liebevolle Unterstützung, die ihr beim Channeln erfahrt, widerspiegelt.

Die Seite nach dem Diagramm zeigt Einzelheiten über die Chakren von 1-10. Die Chakren werden nicht immer in dieser Reihenfolge gezählt. Manchmal wird das Kronen-Chakra als Nr. 1 und das Basis-Chakra als Nr. 7 bezeichnet, aber für unsere Zwecke numeriere ich das Basis-Chakra als 1 und das Kronen-Chakra als Nummer 7. Ich habe jedem Chakra eine kurze Erklärung beigefügt. Die Bedeutungen der Chakren sind natürlich viel umfassender, aber ich habe die Erklärungen auf den Channeling-Vorgang zugeschnitten und vor allem gezeigt, was in jedem Energiezentrum vor sich geht, wenn es während des Channeling-Vorgangs sanft angeregt und geöffnet wird. Ihr sollt wissen, daß ich als spiritueller Lehrer jeden von euch schätze und mit meiner Energie gegenwärtig bin, um vom spirituellen Aspekt her festzustellen und einzuschätzen, auf welcher Stufe ihr mich zu empfangen bereit seid. Diese Einschätzung gründet sich auf Beobachtungen eurer Reaktion auf spirituelle Botschaften, die ich euch mit meinen Energien sende.

Wir wollen nun die Seite 32 betrachten, die Einzelheiten aller Chakren zeigt. Im Basis-Chakra könnt ihr ein Quadrat in der Mitte sehen. Das weist darauf hin, daß dieses Chakra seinen Schwerpunkt auf der physischen Ebene hat. Gewiß hat es auch Verbindung zu höheren Chakren, aber für den Channeling-Prozeß und die physische Existenz hat es vorwiegend diese Überlebensfunktion. Man kann es natürlich in einer viel umfassenderen Weise betrachten.

Im Polaritätsbereich (2. Chakra) habe ich in einer geschlängelten Linie den Zusammenfluß der beiden Energiearten angedeutet, auf die ich schon bei der Erklärung der Beine eingegangen bin. Das Zusammenfließen der Pole, ihr gemeinsamer Tanz, ist ein Mittel für euch, zur Einheit zu kommen. Der Solar-Plexus (3. Chakra) ist ein sehr feines Energienetz und ein Fenster zum Emotionalkörper. In diesem Zentrum ist es möglich, die emotionale Verbindung zum Herzen herzustellen, und es ist ein außerordentlich wichtiger Bereich, wir ihr alle wißt. Ihr seid sicher gespannt auf die Erklärungen zum Herz-Chakra. Die kleinen Linien drumherum weisen auf eine elektrische Verbindung zum Herzen hin, die außerordentlich stark ist. Im Herzzentrum selbst findet ein energetisches Fließen statt, das durch die Linien innerhalb des Herzens angedeutet wird. Dieses Fließen wird durch die elektrische Reaktion aus den höheren Chakren angeregt.

Das Kehlkopf-Chakra ist sehr interessant. Du kannst eine Verflechtung der Dreiecke erkennen. Das Dreieck symbolisiert den schöpferischen Akt, der in der Einheit von Vater, Sohn und Heiligem Geist oder in vielen anderen Dreiheiten gesehen wurde. Obwohl das Dritte Auge auf dieser Stufe noch nicht aktiviert wird, hat es teil an dem kreativen Akt des alle Perspektiven integrierenden Sehvorgangs. Das Kronen-Chakra ist das Zentrum der göttlichen Kraft, die die höheren Chakren der physischen Ebene zugänglich macht. Das achte Chakra ist neben vielen anderen Aspekten der Sitz der Seele, und der doppelte Ring umgibt das Kronen-Chakra. Die Energie, die durch die Linien im inneren Kreis angedeutet ist, fließt in das Kronen-Chakra hinein.

Der Lichtkörper (9. Chakra) stellt eine elektrische Verbindung dar, die durch die Zick-Zack-Linien verdeutlicht wird. Das zehnte Chakra ist jene Spirale, die die Aufgabe hat, den aus dem zweiten, fünften und sechsten Chakra und ins siebte einmündenden Energiefluß auszugleichen und zu integrieren. Er fließt nach oben und nach unten, es ist kein einsträngiges, sondern ein wechselseitiges Fließen. Wir werden uns damit noch eingehender beschäftigen, wenn wir umfassender über die Energiezentren reden. Ich habe die Chakren aus dem Grund hier angedeutet, weil ich euch auf die fortschreitende Aktivierung dieser Zentren hinweisen wollte. Sie stellen richtungsweisende Punkte in eurem Energiekörper auf dem Weg zu besserem Verständnis und zu den verschiedenen Stufen des Channeling dar. In unserer nächsten Lektion wollen wir uns mit den Stufen vier und fünf befassen.

Mit Dank und Liebe,
Vywamus

Stufe III
Interaktion der physischen Energie mit Vywamus im Channeling-Prozeß

Physische Ebene des Energiekörpers
Darstellung der Chakren

1.) **BASIS-CHAKRA**
Überlebenswille

2.) **POLARITÄTS-CHAKRA**
Rezeptive und dynamische
Energien

3.) **SOLAR PLEXUS-CHAKRA**
Emotionales Zentrum

4.) **HERZ-CHAKRA**
Bedingungslose Liebe

5.) **KEHLKOPF-CHAKRA**
Kreativität, Wille

6.) **DRITTES AUGE**
Integration des Sehvorgangs

7.) **KRONEN-CHAKRA**
Verbindung zum Göttlichen

8.) **SITZ DER SEELE**

9.) **LICHTKÖRPER**

10.) **AUSGLEICH DER
POLARITÄTEN**
Integriert Kreativität und
Energiefluß

MEDITATION

Sieh dich in einer Wiese stehen. Sie ist übersät mit wundervollen violetten Blumen. Wo du nur hinschaust, siehst du diese violetten Blumen. Nun schaue hoch. Über dir erblickst du einen herrlich violettfarbenen Himmel. Die Wolken sind violett, der Himmel ist violett. Du merkst, daß die Blumen nur die Farben von oben reflektieren. Du kannst das durch diese Farbe sehen. Wenn du es nicht „sehen" kannst, so mach dir bewußt, daß dies wahr ist. Steh in der Mitte der Wiese, erfahre das Violett von oben und unten her. Verbinde dich von deiner physischen Wahrnehmung her mit dem Violett oder dem, was symbolisch von oben aus der spirituellen Ebene kommt. Wenn du das tust, kannst du einen elektrischen Funken sehen, wie einen Blitz, der beide Ebenen miteinader verbindet. Er erschreckt dich nicht, er verbindet nur, ein elektrischer Stromkreis. Du kannst so viele Stromstöße haben, wie du willst. Sie scheinen unbegrenzt zu sein. Aber spüre die elektrische Beschaffenheit dieser Verbindung zwischen beiden Ebenen von Violett. Wenn du willst, stelle dich in diese elektrische Verbindung hinein. Falls du das Gefühl hast, daß du noch nicht bereit dazu bist, dann visualisiere die Verbindung, ohne dich hineinzustellen. Aber wenn du dich dabei angenehm fühlst, dann stehe in dieser elektrischen Verbindung von beiden Violettebenen. Das Violett symbolisiert die violette Flamme und ihre transformatorischen Qualitäten. Das bedeutet, daß sich dein Kanal durch diese elektrische Verbindung zwischen beiden Ebenen sowohl vom Physischen wie auch vom Spirituellen her entwickelt. Führe diese Meditation täglich aus bis zur nächsten Lektion. Danke.

Lektion 3

Der Channeling-Vorgang kann den Zugang zu vielen verschiedenen Verständnisebenen öffnen und sie integrieren helfen. In deinem täglichen Leben lernst du eine Menge und machst viele Erfahrungen, die integriert werden müssen. Channeln kann dir bei diesem Integrationsprozeß behilflich sein. Beim Channeln wird nämlich ein Kontakt mit der spirituellen Ebene hergestellt, und diese kann niemals statisch, beschränkt oder festgefahren sein. Die spirituelle Ebene hat eine progressive Natur. Obwohl dort nichts in einer zeitlichen Reihenfolge geschieht, wird doch eine fortschreitende Entwicklung im Verstehen, im Freisetzen von Kreativität sowie im Umgang mit Energie überhaupt in Gang gesetzt.

Um euch das genauer zu erklären, wollen wir eine spezifische Situation beim Channeln betrachten. In unserem Beispiel gehen wir, du und ich, zusammen in einen Unterricht. Der Unterricht hat, sagen wir, den Polaritätsbereich zum Thema, und du hast dich bereit erklärt, dafür Channel zu sein. Wir beginnen und du übermittelst die Aussagen über die Polarität. Du tust das so lange, bis ein bestimmter Standpunkt geklärt ist. Ich habe dir ein vollkommenes Verständnis über das Thema zur Verfügung gestellt, zumindest so vollkommen, wie ich, Vywamus, es verstehe. Du nimmst einen Teil der Botschaft durch dein Unterbewußtsein und dein Verstehen auf, aber auch durch deine Vorstellung davon, was die physische Ebene für dich bedeutet und welchen Gebrauch du von ihr machst. Viele von euch glauben, daß euer physischer Körper sozusagen ein Tempel der Begrenzung sei. Ist das deutlich gesagt? Zumindest was euer Unterbewußtsein betrifft, gilt das für euch alle; das läßt sich an dem erkennen, was wir als Alterungsprozeß bezeichnen. Wenn ihr nicht mehr daran glaubt, werdet ihr auch nicht mehr altern, aber die meisten von euch altern noch immer, und daran sieht man, daß Vorstellungen über Begrenzung, Einschränkungen und die Zerstörung der physischen Ebene immer noch wirksam sind.

Nachdem ihr also eine Perspektive übermittelt habt, hält eine Vorstellung von Zerstörung die meisten von euch davon ab, zu einer anderen Betrachtungsweise vorzustoßen, die in die erste integriert werden kann. Denk darüber nach! Immer und immer wieder hattest du einen physischen Körper, der alt wurde und starb, und dann wieder einen anderen Körper, der alterte und starb. Dann sind da diese Vorstellungen, die sagen: Ich werde eine Betrachtungsweise mit aller Kraft zum Ausdruck bringen. Dann muß ein Zerstörungsprozeß eintreten, bis eine andere Betrachtungsweise zum Ausdruck gebracht werden kann. Es gibt keine wirkliche Kontinuität zwischen beiden. Natürlich ist das falsch, aber es ist Teil eurer Vorstellung, die ihr als falsch erkennen müßt. Erkenne, daß du eine Brücke von einer Perspektive zur anderen bauen kannst durch Bejahung, Vertrauen, Gewährenlassen und ein Gefühl der Sicherheit. Die physische Struktur kann nur in dem Maße ein sicheres Vehikel sein, wie es eure Vorstellungsstruktur erlaubt. Zu diesem Zeitpunkt stecken für eigentlich alle von euch die Vorstellungen über das Altwerden noch im physischen Körper und erzeugen schrittweise eben den zerstörerischen Prozeß, von dem ihr glaubt, daß es ihn geben muß.

Ich wollte in dieser Lektion einige Zeit bei diesem Punkt verweilen, weil er eine Schlüsselstellung für euch alle hat. Vielleicht denken einige von euch, daß es ganz unwichtig sei, ob der Körper altere oder nicht. Suchen wir nicht alle

35

spirituellen Fortschritt? Aber spiritueller Fortschritt bedeutet ja ein immer wachsendes Verständnis darüber, wie man Materie in einer klaren und umfassenden Weise nutzen kann, während man sich auf der physischen Ebene befindet; also wie sich die physische Ebene in die spirituelle Ebene integrieren läßt. Channeln hilft dir, genau zu sehen, wo du dich in dem Prozeß der Klärung über die Nutzung physischer Materie auf der physischen Ebene befindest.

Es spielen dabei natürlich auch noch andere Aspekte eine Rolle. So ist es zum Beispiel wichtig, daß du lernst, deine höheren Fähigkeiten sowie deine Kreativität zu nutzen. Aber du wirst feststellen, daß sich deine Fähigkeiten erst dann voll entwickeln können, wenn du deine unbewußten Vorstellungen von Begrenzung und Zerstörung der körperlichen Welt aufgibst.

Viele von euch sind nur widerwillig auf die physische Ebene gekommen. Es ist an der Zeit, die physische Existenz im Herzzentrum zu verankern, so daß das Herz die Möglichkeiten der physischen Ebene erweitern kann. Wenn ihr die physische Existenz vom Herzen her seht, habt ihr den Schlüssel, um die unterbewußte Angst, hier zu sein, ja überhaupt in einem Körper zu sein, zu überwinden.

Ich möchte vorschlagen, daß ihr beim Channeln ein Thema wählt und eine Betrachtungsweise übermittelt, dann wieder in euren Kanal geht und eine andere Sichtweise vorbringt, dann noch eine andere und noch eine und dann um eine Erkenntnisebene bittet, die alle diese Perspektiven vereint. Du kannst jedes Thema zu einer solchen Gelegenheit zur Integration machen. Allmählich wirst du dich von diesem Zwang, destruktive oder beschränkende Prägungen herbeizuziehen, die dir einreden, daß Integration bei diesem bestimmten Thema nicht möglich sei, befreien können. Die physische Ebene, die du gewählt hast, ist ein wichtiges stimulierendes, erweiterndes, vergrößerndes

Element des kreativen Prozesses, und deshalb beginne ich, Vywamus, diese Serie über die Kunst des Channelns mit der physischen Ebene. Wir wollen uns hier vor allem mit der physischen Struktur befassen, aber dabei erkennen, daß sie eine Spiegelung einer größeren Schau ist, die die gesamte physische Existenz umfaßt.

Du solltest darüber nachdenken, daß die Chakrensysteme eine Verbindung zur Erde darstellen. Mit dem Herz-Chakra der Erde verbunden zu sein ist überaus wichtig und wird dein eigenes Herzzentrum anregen. Mit dem Dritten Auge der Erde verbunden zu sein wird dir helfen, so sehen zu können, wie die Erde sieht. Ihr Kronen-Chakra wird dir ermöglichen, das göttliche Wissen, das von der Erde kommt, zu nutzen. Du kannst deinen Kanal sozusagen durch das göttliche Sein der Erde hindurch in die Seele und damit in einen von uns, in einen deiner Lehrer, „einstöpseln". Du kannst deinen Kanal so weit ausdehnen, bis er jede Perspektive umfaßt, und das ist natürlich das Ziel. Wenn du dazu in der Lage bist, befindest du dich auf der Stufe des Mit-Schöpfers. Das Channeln ist ein ganz besonderes Werkzeug, das es dir ermöglicht, dein gesamtes Potential zu vergrößern, erweitern und auszudehnen.

Wenn du es zuläßt, daß dieser integrative Prozeß in dir zu wirken beginnt, kommen möglicherweise alte Muster hoch, mit denen du dich auseinandersetzen mußt. Wenn du an dem Integrationsproblem arbeitest, ist es ganz besonders wichtig, die Chakren so offen wie möglich zu halten. Einige werden die Tendenz haben, sich zu schließen, wenn du beim Channeln den integrativen Prozeß anregst. Du kannst täglich mit einer imaginierten violetten Bürste das Kronen-Chakra sauberbürsten bis in die „Ecken" hinein, um die dort lagernden Widerstände zu beseitigen, dann mit der Bürste die Verbindung zwischen dem Kronen-Chakra und dem Dritten Auge und schließlich das Dritte

Auge selbst sorgfältig reinigen. Du kannst dich ruhig anstrengen beim Bürsten, bürste emsig, dann mache dich an die Verbindung zwischen dem Dritten Auge und der Kehle und reinige auch diesen Durchgang sorgfältig. Gehe dann in das Kehlkopf-Chakra hinein und säubere es überall sorgfältig, danach die Verbindung zwischen Kehle und Herz und schließlich das Herz-Chakra selbst. Als nächstes reinige die Verbindung zwischen Herz-Chakra und Solar-Plexus, dann das Solar-Plexus-Chakra. Nun nimm dir die Verbindung zwischen dem Solar-Plexus und dem Polaritäts-Chakra vor, bürste sie sauber und reinige dann das Polaritäts-Chakra. Bürste nun die Verbindung zwischen dem Polaritäts-Chakra und dem Basis-Chakra und säubere dann das Basis-Chakra. Lasse dann durch den gesamten Tubus goldene Energie hindurchfließen, gib noch Violett dazu, Gold-Violett, und achte darauf, ob auch wirklich alles gereinigt ist. Es ist wichtig, diese Übung oft zu machen, mindestens einmal am Tag, immer wenn man mit dem integrativen Prozeß arbeitet, also ihn stimuliert hat. Um zu wissen, ob ihr ihn stimuliert habt, braucht ihr nur eure Widerstände gegen eine Gesamtschau zu erkennen, Widerstände dagegen, das gesamte Bild zu übermitteln oder die verschiedenen Teile zusammenzubringen, wie ich es gerade erklärt habe.

In dieser Lektion zeige ich euch verschiedene Übungen, die ich für wichtig halte. Nun möchte ich gern, daß du die Chakren bittest, mit dir zu kommunizieren, und du sollst versuchen, sie zu personifizieren. Frage dein Kronen-Chakra, wie es als Person aussieht, versuche ein Bild davon zu sehen. Dann frage dein Drittes Auge, wie es aussieht, und laß die beiden miteinander Verbindung aufnehmen. Im Channeling-Vorgang ist es besonders wichtig, daß das Kronen-Chakra ganz klar ist und das Dritte Auge immer stärker angeregt wird. Nimm die Kombination der beiden

Chakrenbilder mit in das Kehlkopf-Chakra, visualisiere auch dies und laß nun die drei höheren Chakren, Kehle, Drittes Auge und Krone, klar miteinander kommunizieren. Vielleicht ist an dieser Stelle noch ein wenig mehr Reinigung nötig, denn die Verbindung der Chakren zeigt, was noch getan werden muß. Vielleicht wäre es interessant, wenn ein anderer eines deiner Chakren, das Widerstände zeigt, channeln könnte. So könnte man ein klares Bild davon bekommen, was übermittelt werden sollte, und du könntest es trotz deiner Blockaden, die Ursache für die Unklarheit waren, verstehen.

Mache dich nun mit den sieben Chakren vertraut. Über die höheren Chakren wollen wir später noch im Detail sprechen. Wie ich schon erklärt habe, sind die Chakren richtungsweisende Punkte für deine Energie. Beim Channeln werden sie nun zu richtungsweisenden Punkten für die gechannelte Energie, die kombinierte oder die integrierte Energie. Es ist nötig, daß alle sieben Chakren den Integrationsvorgang verstehen, und du solltest jedes einzelne Energiezentrum fragen, was es von der Integration halte, ob es sie verstehe, sie zulasse, ihr vertraue? Achte darauf, was jedes Chakra dir antwortet, und vollziehe danach die nötige Reinigung. Reinigen bezieht sich hier auf eine unterbewußte psychologische Ebene und bedeutet, einige Muster zu entfernen und bestimmte Erkenntnisse zu gewinnen, aber auch die Übung, die violette Flamme und die violette Bürste in das betreffende Chakra zu bringen.

Die violette Flamme soll eurem Chakra zeigen, was Integration und Evolution wirklich bedeuten, denn beide sind identisch. Ein integrativer Prozeß bedeutet ja Entwicklung, aber manchmal verstehen eure Energiezentren, diese richtungsweisenden Punkte eurer Energie, das noch nicht. Denk daran, daß es viele Systeme gibt, die viele verschiedene Dinge über das Chakrensystem in bezug zur physischen Struktur sagen. Wenn du darüber gelesen hast und ein anderes System, Chakren im physischen Körper zu beschreiben, gelernt hast, so macht das nichts. Merke dir, daß sie richtungsweisende Punkte sind, die mit einem bestimmten Bewußtsein, nämlich dir selbst, verkettet sind. Im Verständnis ihrer Besonderheiten kannst du flexibel sein. Verfange dich nicht in Vorstellungen, die meinen, nur eine Perspektive könne gültig sein. Diese Perspektive wird sich so wie jede andere wandeln und wachsen und alle werden immer vollkommener integriert.

Ein Chakra ist also ein richtungsweisender Punkt für Energie. Es gibt auch Energie an andere kleinere (richtungsweisende) Punkte ab, und so können wir sehen, wie manche von euch schon wissen, daß es im Selbst noch andere Energiezentren gibt. Im eigentlichen Sinne ist jedes Atom im Selbst solch ein integrierender Punkt. Das Ziel beim Channeln ist es, eine allumfassende integrative Verbindung zwischen allen möglichen Betrachtungsweisen auf der physischen Ebene herzustellen und diese im Channeling-Vorgang zu vereinigen. Es ist wichtig, daß sich dieser integrative Prozeß im Rahmen deiner Möglichkeiten stufenweise vollzieht. Ich, Vywamus, habe vielleicht eine etwas andere Anschauung darüber, wie Channels bei der Integration des Übermittlungsvorgangs in ihre physische Struktur unterstützt werden können. Das bedeutet nicht, daß meine Methode richtig ist und die jedes anderen spirituellen Lehrers falsch und umgekehrt. Es bedeutet einfach, daß ich eine bestimmte Anschauungsweise habe und sie euch hier in dieser Unterrichtsserie darstelle.

Diese Lektionen enthalten einige allgemeine Bemerkungen und zeigen dann ganz spezifische Möglichkeiten der Betrachtung des Channeling-Vorgangs. Es ist wichtig, daß ihr all das, was ihr im allgemeinen wißt, nun in die Besonderheiten integriert, und daher benutze ich diese beiden Annäherungsformen, die allgemeine und die besondere, so daß wir ein möglichst vollständiges Bild davon gewinnen, was es bedeutet, ein Channel zu sein, und was es für spezifische Auswirkungen auf deine Persönlichkeit hat. Das ist unser Ziel in diesem Teil der Unterrichtsserie: die Auswirkungen des Channelns auf dich als physisches Wesen vollständig zu verstehen.

Beim Channeling-Vorgang ist deine Beziehung zur Erde wichtig. Sie ändert sich, wenn du mit dem Channeln beginnst. Die irdische Perspektive geht davon aus, daß man ein Individuum mit einem einheitlichen Bewußtsein ist. Wenn du aber zu channeln beginnst, können die Erde und dein Selbstverständnis von deinem sich wandelnden Bewußtsein und deiner Verbindung mit der spirituellen Ebene vorübergehend verwirrt werden. Die Erde muß über Fragen der Verwandlung und der Integration noch dazulernen, und sie kann das durch euch alle und auch durch den Channeling-Vorgang tun. Wenn du deine Beziehung zur Erde, die nicht notwendigerweise schlecht gewesen sein muß, veränderst, kann sie zu einem umfassenden System der Unterstützung für den Channeling-Vorgang werden, für dich ebenso wie für die Erde. Es ist dabei notwendig, daß du mit der Erde in Verbindung kommst, zum Beispiel, indem du sie personifizierst. Frage „Mutter Natur" — das schöne Mutterbild ist gut geeignet —, was sie von dir als Channel hält. Wie sieht sie dich jetzt? Frage sie, was sie von dir dachte, bevor du zu channeln begannst, und was sie jetzt denkt. Frage sie, was sie von dir gelernt hat, und laß es dir zeigen. Bitte sie, dir visuell zu zeigen, wie du der Erde mit deinen Übertragungen geholfen hast. Das wird dir eine bessere Einsicht vermitteln, warum deine Hingabe ans Channeln angemessen und wichtig ist. Die Absicht ist natürlich nicht, deinem Ego zu schmeicheln, sondern dir zu zeigen, was für ein machtvolles Instrument das Channeln ist. Du kannst alle möglichen Arten von Reaktion erhalten. Das hängt ganz von dir und deinen Fähigkeiten zum Kontakt mit der Erde ab und auch davon, wie stark du die Entfaltung deines Potentials zuläßt. Vielleicht möchtest du mich auch fragen, inwieweit die spirituelle Ebene durch dein Channeln beeinflußt wird; vielleicht hast du nie darüber nachgedacht, daß du auf der physischen Ebene genauso wichtig bist wie wir, die wir keinen physischen Körper mehr haben. Jetzt aber unterscheidest du dich und lernst die Dinge neu zu sehen. Und dazu gehört, daß du die Gleichheit der Ebenen erkennen lernst.

Die Betonung liegt also auf der Integration. Sie läßt die ständig sich wandelnde und entwickelnde Wirkung erkennen, die wir als göttliches Sein bezeichnen. Ein Channel wird gewissermaßen zu einem Verbindungsglied in dem Evolutionsprozeß. Ihr seid alle Stabilisatoren dieses Prozesses. Ihr wißt vielleicht nicht, daß die physische Ebene als Brennpunkt geschaffen wurde, dessen Funktion es ist, den schöpferischen Akt, Gott, zu stabilisieren. Du kannst dir vorstellen, daß du als Channel jemand bist, der den schöpferischen Vorgang in ein System der Energiewahrnehmung und -beantwortung stellt. Es ist also ein Werkzeug, das der Schöpfer uns gegeben hat, um seinen göttlichen Plan zu erfüllen.

Wir wollen nun weiter den fortschreitenden Gebrauch des Energieaustauschs im Channeling-Vorgang mit mir, Vywamus, zu verstehen suchen. Nimm bitte deine früheren Lektionen vor, betrachte die Stufe 3 und vergleiche sie mit Stufe 4. Sehr wichtig ist, daß das neunte Chakra nun so weit stimuliert ist, daß es eine aktive Rolle beim Channeln auf Stufe 4 spielt. Du kannst auch erkennen, daß sich die Kanäle erweitern und sich somit auch die Strahlung weiter ausdehnt. Beachte die kurzen Wellenlinien, die oben an den Armen beginnen und sich bis ans untere Ende erstrecken. Sie zeigen den beim Channeln erzeugten Strahlungseffekt. Du kannst sehen, wie meine Energie fortschreitend in die physische Struktur eindringt. Sie durchströmt nun fast vollständig die Arme und befindet sich ungefähr in gleichem Abstand von der Armlänge wie von der Körperstruktur. Du kannst sehen, wie meine Energie zunehmend die physische Struktur umgibt. Sie ist nun auf einer Ebene mit dem Herz-Chakra.

Auf dieser Stufe ist das Herz das Zentrum des gesamten Vorgangs. Es hat nun erkannt, wie es die ankommende Botschaft, die seine Schwingungen anregt, ausstrahlen kann. Und es ist offen genug, diese Stimulierung in Strahlen umzusetzen. Wenn du auf der vierten Stufe channelst, werden die andern die Macht der Übertragung spüren und die Energie direkt empfangen. Wenn das Herz zu strahlen beginnt, wird auch die Energie der drei niedrigen Chakren mit angezogen. Deren Energie wirkt bei der Strahlung des Herzens mit.

Diese Integration der drei niedrigen Chakren ins Herz ist allerdings auf der Stufe 4 noch nicht abgeschlossen, aber sie ist so weit fortgeschritten, daß wir sagen können, ein Orientierungsprozeß sei bereits vorstrukturiert. Ich zeige daher im Diagramm, daß die drei niedrigen Chakren am Channeling-Vorgang teilhaben. Eine andere Veränderung im Vergleich zu Stufe 3 liegt darin, daß das Dritte Auge nun soweit aktiviert ist, daß man seine Energieform klar erkennen kann. Gewiß ist das auf Stufe 4 nur der Anfang, aber immerhin können wir diesen hier erkennen.

Besonders wichtig auf Stufe 4 ist, daß das System des Stromkreises hier geschlossen ist. Auf dieser Stufe ist der Übertragungsvorgang vollständig. Was als Riß oder Verzerrung auftauchte, ist zum größten Teil verarbeitet. Denk daran, was ich dir schon früher gesagt habe: Du wechselst von einer Stufe zur anderen, je nach Situation, der Art des Channelns, dem Inhalt, der gechannelt wird und auch deiner augenblicklichen Beziehung zu deiner physischen Existenz, zur Erde. In diesem Jahr gibt es so viele Veränderungen auf der Erde, daß dieser Unbeständigkeitsfaktor es für den Channel schwierig macht, stabil zu sein, zumindest auf der vierten Stufe. Danach gilt das nicht mehr. Aber für all die, die noch keinen Zugang zur fünften Stufe haben — das betrifft übrigens die meisten von euch — ruft die Instabilität der Erde einen veränderlichen Energiefaktor hervor, der eure Energie in einer, will sagen, frustrierenden Art bewegt. Ich sage das, weil wir, die spirituellen Lehrer, diese Wirkungen zu spüren bekommen, und wir fragen uns, warum wir „gerade diesen" hereingezogen haben. Ich meine, warum macht bei den meisten von euch, wenn ich Verbindung aufnehme, die Energie „zick", während ich gerade dachte, sie bewegt sich nach „zack"? Wir müssen also eine andere Art von Verbindung aufbauen als die, die ich in Betracht gezogen hatte. Seit der Harmonischen Konvergenz am 15. August 1987 gibt es aber nun einen günstigeren Energiefluß auf der Erde, der euch beim Channeln helfen wird, sobald ihr euch ihm angepaßt habt.

Die Stufe 4 zeigt also eine Vollkommenheit in dem Sinne, daß jeder physische Punkt in irgendeiner Weise angesprochen wird. Zugegeben, das Eindringen meiner Energie in die Beine ist unvollständig, aber du kannst erkennen, daß jedes Bein vollständig von Energie umgeben ist, und auf diese Weise spiegelt sich meine Energie auch in diesem Bereich, wie ich schon früher gesagt habe. Das Strahlen des Herzens bewirkt diesen magnetischen Effekt, der diese Vervollständigung, wie ich sie hier einsetze, erlaubt.

Geh nun zur fünften Stufe über, die gewissermaßen die Stufe der Kompetenz als Channel ist, die ihr zu erreichen sucht. Gewiß gibt es noch die Stufen 6 und 7, über die wir in unserer nächsten Lektion sprechen werden, aber für viele von euch ist es das Ziel, mich auf Stufe 5 zu channeln. Ich werde darüber noch Genaueres sagen, wenn wir über die sechste und siebte Stufe sprechen. Nun wollen wir uns die fünfte Stufe anschauen und sie mit der vierten vergleichen. Zunächst siehst du, daß das zehnte Chakra beim Channeling-Vorgang dazukommt, und das ist wichtig. Wenn du nochmals das Blatt anschaust, wo die Details der Chakren dargestellt sind, so kannst du sehen, daß das zehnte eine Spirale darstellt. So wird also zu der Vervollkommnung des Energiekreises auf Stufe 4 noch ein Spiraleneffekt hinzugefügt. Wir könnten das auch zeichnerisch darstellen, aber das wäre ziemlich verwirrend. Aber wenn du das zehnte Chakra als Spirale siehst, achte darauf, daß sie deutlich durch den physischen Körper geht und sich mit meiner Energie, die ich unten bei den Füßen angedeutet habe, verbindet. Dieser Spiraleneffekt geht durch die gesamte physische Struktur, so daß nun meine Energie die Physis vollständig umgibt, mit Ausnahme der Stelle direkt über dem Kopf. Außer dieser Stelle, die in eine andere, auf Stufe 6 eingeschaltete Übertragungsform einbezogen wird, umgibt die Energie vollständig die physische Struktur. Schau dir den Unterschied an. Die Energie befindet sich nicht mehr unter dem Arm und zwischen den Beinen, sondern umschließt den physischen Körper völlig, kannst du das sehen? Sie dehnt sich mehr aus, wird umfassender, und dieser Spiraleneffekt, der vom zehnten Chakra bewirkt wird, läuft nun um den Körper herum. Um euch eine bessere und umfassendere Vorstellung davon zu geben, was das bedeutet, wollen wir das folgendermaßen betrachten: Meine Energie umgibt die physische Struktur nun vollständig, aber das Herz strahlt Energie nach außen.

Diesen Strahlungseffekt nach außen habe ich durch die

Schräglinien angedeutet. Denk aber daran, daß sich diese Linien nicht nur auf die Vorderseite der physischen Struktur beziehen; das Strahlen geht ebenso wie das Chakra selbst von vorn nach hinten durch den Körper hindurch. Das Herzchakra ist genauso hinten wie vorn, und das Strahlen beschreibt einen Kreis von 360 Grad.

Das Strahlen des Herzens also umfaßt 360 Grad; das Kronen-Chakra ruft eine Aura hervor, die den strukturellen Rahmen für deinen Energiekörper selbst bildet, und der Seelenstern oder das achte Chakra bildet eine spirituell „solide" Verbindung durch deinen Kanal hindurch. Man könnte sagen, daß diese Wellenlinien, die auf Stufe 4 erscheinen, die physische Struktur tatsächlich von diesem Seelenstern her durchdringen, wenn wir sie sehen könnten.

Das neunte Chakra nun, diese wellenförmige Zick-Zack-Linie, die ihr seht, ist der Lichtkörper, das elektrische Stromsystem, das von dieser Stufe der physischen Struktur aus wirkt. Ihr seht, die Chakren zeigen euch hier eine willkürliche Anordnung jener Energie, die nicht ganz zutreffend ist. Die Energie jedes Chakras durchdringt den physischen Körper vollständig in einer Rotation von 360 Grad, und vor allem sind diese höheren Chakren viel größer und beinhalten viel mehr Energie.

Die Zeichnung wäre genauer, wenn wir die Chakren größer gezeichnet hätten. Ich will das auf der Stufe 6 tun und damit die Beziehungen dieser Energien im proportionalen Verhältnis zur physischen Struktur darstellen. Wir wollen unser Verständnis von diesem Energieaustausch allmählich entwickeln. Erkenne also zunächst, daß jene Energie nicht willkürlich plaziert ist; sie dringt in die physische Struktur ein, gleich welche Art von Energie diese hat. Ihr habt also nicht nur teil an meiner Energie, sondern auch an der der Seele und jeder spezifischen Qualität der höheren Chakren, die am Channeling-Prozeß beteiligt zu sein beginnen.

Kannst du nun sehen, wie wertvoll das Channeln für euch ist? Es regt alle eure höheren Fähigkeiten durch den Energieaustausch in eurem Kanal an. Die Spirale geht vollständig durch den physischen Körper hindurch, so daß meine Energie in dieser Spirale des zehnten Chakras buchstäblich festgehalten wird. Von dem Augenblick an, wo meine Energie ein Teil dieser Spirale wird, besitzt du einen sehr sicheren Energie-Behälter. Ich könnte euch in einigen der anderen Stufen, vor allem der siebten, in dieser Energieumhüllung überall hin in den Kosmos mitnehmen. Du brauchtest nicht einmal zu atmen; du würdest dich in diesem Lichtkraftmuster befinden, und wir könnten gehen, wohin wir wollten. Du müßtest natürlich daran glauben, daß dies möglich sei, und mir vertrauen. Aber wir könnten es tun, weil die Energieumhüllung auf Stufe 7 vollständig ist. Nun, wir werden das alles noch genauer besprechen, aber du kannst jetzt schon die umfassende Natur des Channeling erkennen.

Betrachte nun Stufe 5 und sieh die Strahlungswirkung, die vom physischen Körper ausgeht — die nach außen strebenden Wellenlinien — nicht die beiden obersten. Die beiden obersten in der Nähe der Chakren meine ich nicht — aber die übrigen zeigen die Strahlungswirkung vom Herzen und von dem Energieaustausch, der auf der physischen Ebene stattfindet. Beachte auch die Veränderung, die in der physischen Struktur stattgefunden hat. Der Kanal ist nun vollkommen; er geht vom zehnten Chakra durch bis zu den Zehenspitzen. Beachte den Energiefluß, der durch die Linien, die gerade durch den Körper gehen, gekennzeichnet ist. Auch diese betreffen nicht nur die Vorderseite; sie durchdringen auch die Rückseite. Es handelt sich ja um eine vollständige physische Struktur, und statt der Wellenlinien, die ich in den Armen zum Nachweis der Energie in der physischen Struktur angedeutet habe, dringt sie nun in einer atomaren Weise ein, wo jede Zelle die Energie aufgenommen hat. Schau dir den ganzen Körper an; hier siehst du die Energiedurchdringung beim Channeling-Vorgang. Sie ist auf der fünften Stufe abgeschlossen. Ich möchte noch einmal betonen, daß du dich nicht ständig auf der Stufe 5 befindest; es ist nicht einmal ratsam. Es hat eine Veränderung stattgefunden, und diese erlaubt dir, die Stärken einer jeden Stufe auszunutzen. Dazu brauchst du im Grunde nicht einmal dein Bewußtsein; es liegt vor allem in unserer Verantwortung, die Art von Energieaustausch bereitzustellen, die dir bei einem bestimmten Channeling-Vorgang am besten dient. Nehmen wir einmal an, daß du bestimmte begriffliche Zusammenhänge übermitteln sollst. Welche Art würden wir hier wählen? Natürlich hängt das von deinen Fähigkeiten ab, auf welcher Stufe du dich befindest. Aber sagen wir, du würdest meistens auf der Stufe 5 channeln. Kann man diese für begriffliche Zusammenhänge gebrauchen? Ja, natürlich, denn sie ist die umfassendste Stufe. Nun nehmen wir einmal an, wir würden ein wenig singen und tönen, wodurch wir wieder geradewegs zur Stufe 1 oder vielleicht 2 zurückkehren. Es hängt natürlich von der Situation ab, aber für bestimme Aufgaben und abhängig von deinen eigenen unterbewußten Blockaden werden wir verschiedene Stufen benutzen, die sich gegenseitig stimulieren, etwa in der Sequenz 1, 4, 3, 2, obwohl das nur ein Beispiel ist. In unserer nächsten Lektion wollen wir das erörtern, was wir, auf der Erde zumindest, die höchsten Stufen des Channeling, die Stufen 6 und 7, nennen könnten.

Mit Dank und Liebe,
    Vywamus

Stufe IV
Interaktion der physischen Energie
mit Vywamus im Channeling-Prozeß

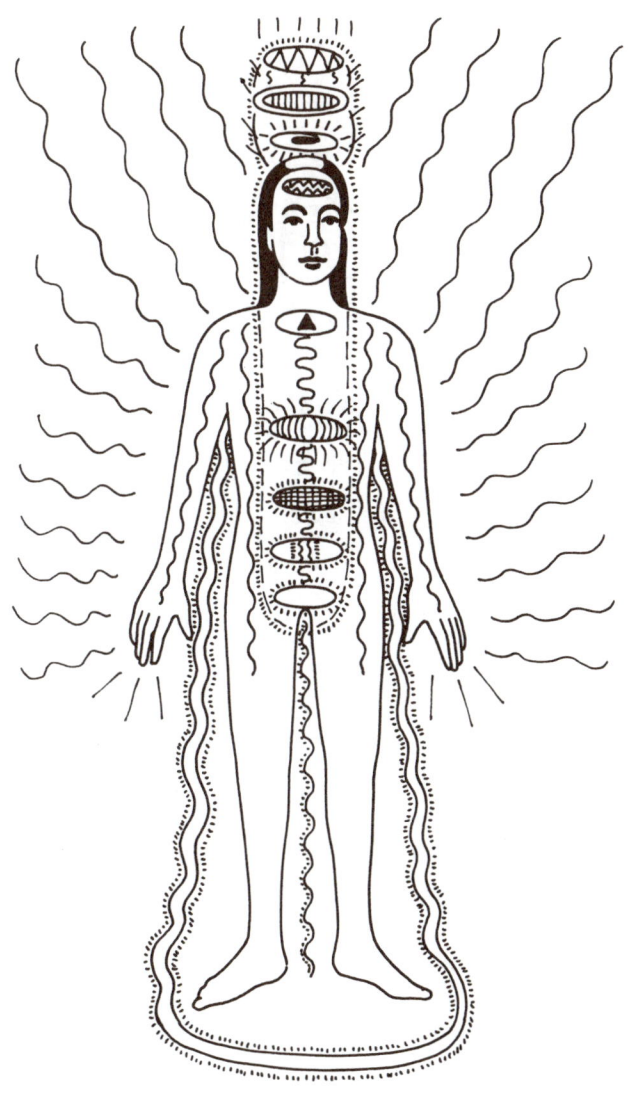

Stufe V
Interaktion der physischen Energie mit Vywamus im Channeling-Prozeß

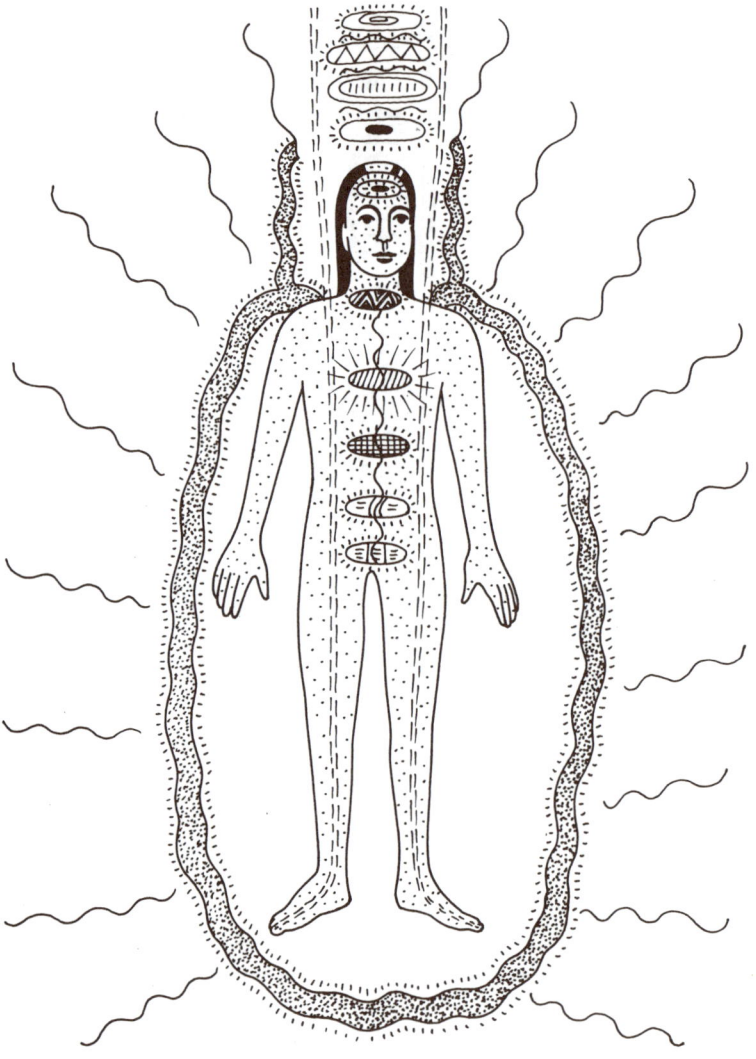

MEDITATION

Du fährst eine Rolltreppe hinauf, und jede Stufe ist golden. Steh ganz still, und laß dich von der Rolltreppe nach oben tragen, und während du da stehst, schau auf die Schönheit jeder Stufe. Jede ist einzigartig und fügt sich in die nächste Stufe ein. Du kannst nicht genau erkennen, wo die eine beginnt und wo sie endet. Jede Stufe fließt aus der früheren hervor und du fließt mit ihr. Während du so still stehst, wird dir bewußt, daß dir die Bewegung der Rolltreppe erlaubt, jede Treppe, jede Stufe, zu erreichen. Von deiner Perspektive aus trägt die Bewegung dich zu einem Punkt, wo jede Stufe vollständig in dein Verständnis integriert ist. Jedesmal, wenn du über die Rolltreppe meditierst, schau dir an, wie viele Stufen du in deine Perspektive, da, wo du auf der Rolltreppe stehst, integrieren kannst. Dein Ziel ist es, nicht auf jeder einzelnen Stufe zu stehen, sondern dich mit dem Verständnis jeder Treppe oder Stufe, auf der du stehst, zu verbinden. Dann ist die Bewegung der Treppe symbolisch für deine Fähigkeit, Bewegung aus einer ganzheitlichen, nicht einer Einzel-Perspektive zu sehen. Wenn du diese Meditation zum ersten Mal zehn Minuten lang machst, vereinige dich mit so vielen Treppen und Stufen, wie es die Zeit erlaubt, und dann laß los. Beginne beim nächsten Mal da, wo die erste Meditation aufhörte, und fahre jedes Mal, wenn du meditierst, darin fort, zunehmend so viele Stufen wie möglich in deine Perspektive einzubeziehen. Nach zwei Wochen wirst du viel besser verstehen können, was es bedeutet, sich zu entwickeln. Diese Meditation zeigt dir den integrativen Prozeß und will ihn dich lehren, indem sie dir zeigt, daß dein Channeln dich mit allen Perspektiven in Berührung bringt, so daß du sie integrieren und benutzen kannst, um dich selbst als das Ganze zu verstehen.

Lektion 4

Wir wollen unser heutiges Gespräch mit einer Betrachtung über die Seelenperspektive des Channelns beginnen. Viele von euch halten die Seele für die wahre Identität des Selbst, was sie auch wirklich ist — eine Göttliche Perspektive, die in umfassender Weise die physische Existenz vom Dasein auf der Erde aus zu erforschen sucht.

Zunächst und vor allem ist die Seele in ihrer grundlegenden Einheit oder als Verbindungspunkt keineswegs physisch, und als spirituelle Ausdrucksform der Ganzheit sieht sie Verbindungen. Sie nimmt ein Fließen in diese Verbindungen hinein wahr sowie den Prozeß, der alle Perspektiven dazu befähigt, das Göttliche — das im Kosmos befindliche Lichtsystem — aufzunehmen. Die Seelenstufe versteht, daß Channeling eine Intensivierung einer spirituellen Prämisse spiegeln kann, die eine individuelle Seele erst noch erreichen oder über die sie hinausschauen muß.

Was ich damit sagen will, ist, daß die Seele begreift, daß Channeln eine umfassendere Sicht zeigen kann, als es ihr selbst von ihrem eigenen Verständnis aus bisher möglich ist. Täusche dich nicht: Alle Seelen sind beim Channeln in einem spirituellen Sinn beteiligt. Die Spiegelung einer höheren Perspektive in die der Seelenstufe bedeutet die Verbindung von der monadischen Stufe zur Seelenstufe. Aber das ist nur eines der möglichen Verbindungssysteme. Viele Seelen haben einen direkten Zugang zu der Ebene des Mit-Schöpfers, die gechannelt wird, zu jenem Entwicklungsziel, das wir als das Wachstum und Verständnis der Seele über den augenblicklichen Stand ihrer Entwicklung hinaus beschreiben wollen.

Deine Seele versteht also den Vorgang des Channeling

ziemlich vollständig. Einige sind stärker involviert in einem „formaleren" Sinn. Genau wie auch auf der physischen Ebene einige, die das lesen, stärker formal am Channeling beteiligt sind als andere. Die Seelenstufe versteht den Prozeß in umfassender Weise. Daher vergewissere dich zunächst deiner Verbindung mit deiner Seele und dann der zu einem bestimmten Lehrer. So läßt sich ein ganzheitlicher Energiefluß herstellen, und die Erfahrenheit der Seele im Bereich des Channeling sowie ihre klarere spirituelle Bewußtheit kann für den Channeling-Vorgang nutzbar gemacht werden.

Muß man also eine besondere Verbindung mit der Seele herstellen? Nun, manchmal ja und manchmal nein. Aber um sicher zu sein, daß dieses Verbindungssystem so rein und vollständig wie möglich ist, sollte jeder zu der besonderen Einsicht kommen, daß diese Stufe der Weg oder die Energiestruktur ist, wie der Channeling-Prozeß vor sich geht. Dieses Bewußtsein von dem Verbindungssystem wird natürlich vom achten Chakra oder dem Seelenstern gesteuert, das zunächst von einem Erkennen der Seelenenergie ausgeht, wobei viele von euch eine Überflutung von Energie spüren, die aus der Seele kommt. Diese wird dann die Energie des Lehrers empfangen, und so kann die Übermittlung umfassender, direkter, sicherer sein und die Energie vollkommener fließen.

Wir können dazu folgendes Beispiel heranziehen: In der physischen Welt ist die Seide eine natürliche Faser, die sehr zart ist. Man könnte sagen, sie hat eine feine Schwingung. Aber sie ist sehr viel stärker, als sie sich anfühlt, sie hat viel Kraft. Weil sie eine Naturfaser ist, atmet sie auch. Sie ist durchlässig für die Lebenskraft, baut keine Barrieren auf. Wenn du daher Seide mit deinem Körper in Berührung bringst, erhöht ihre Kraft dein Energiepotential. Einige von euch mögen den Wunsch haben, während des

Channelns Seidenkleider zu tragen, weil Seide die Fähigkeit besitzt, das Körpergewebe mit dem Leben, Atmen, dem Energieniveau der Seele in Harmonie zu bringen. Sie zeigt deinem physischen Selbst, daß dieses Wachrufen der Seelenenergie Schritt für Schritt, in angemessener Weise, geschehen kann. So wie sich die Seide dem Körper anschmiegt, mag sich auch die Seele der Energieform deiner physischen Struktur anpassen. Bedeutet das etwa, daß so lange nichts Seelenhaftes in dir gegenwärtig ist, bis es geweckt ist? Natürlich nicht. Aber wir sprechen hier über den Unterschied zwischen einer ziemlich desintegrierten Seelenstufe und einem allumfassenden Gewand, das Teil der Lebenskraft ist. Dieses Gewand paßt dir genau und ermöglicht es dir aufgrund seiner harmonischen Natur, die höheren Fähigkeiten des Selbst und meine Energie tief einzuatmen, wenn du diese Channeling-Verbindung herstellst.

Ich wähle das Beispiel von der Seide nicht, um euch zu sagen, daß ihr nur in Seide channeln könnt, das wäre natürlich falsch. Ich wollte damit nur zeigen, daß bestimmte günstige Umstände einen ganzheitlicheren Zugang zu einer Bewußtseinsebene öffnen können, die vorher nicht so gut integriert oder empfänglich schien. Es ist nämlich so, daß der integrative Prozeß am besten durch ein wachsendes Verständnis der Beziehungsstufen gelingt. Die Anrufung der Seele und ihrer Fähigkeit, deine physische Struktur in Harmonie zu bringen, wird eine umfassende magnetische Beziehung herstellen, die das volle und sich ständig vertiefende Verständnis des Channeling-Vorgangs sowohl ausstrahlt wie auch herbeiführt. Glaube aber nicht, daß es möglich wäre, in deiner Fähigkeit zu channeln stillzustehen. Das Wesen dieses Vorgangs selbst bedeutet Bewegung. Wenn du dich in deinen Fähigkeiten festgefahren fühlst, schau noch einmal genau hin, denn irgendwo in dir macht sich die Veränderung bemerkbar, denn Channeling selbst ist nur ein anderes Wort für Entwicklung.

Nun, wir haben schon früher über die wachsenden Qualitäten gesprochen, die das Channeln bewirkt. Die Seele ist ein besonders besänftigendes und glättendes Gebilde, das das Maß an Irritation verringern hilft, das hervorgerufen wird, wenn euer Potential vom Channeling-Vorgang erweckt wird. Dein physischer Körper ist mit Haut überzogen — ich will hier bestimmt nicht technisch werden oder eine wissenschaftliche Terminologie benutzen, ganz im Gegenteil will ich das, wo möglich, vermeiden — aber die Haut ist tatsächlich ein schützender Überzug für deine physische Struktur, die den Körper vor der Bombardierung durch elektrische Reize der Sonne bewahrt.

Die Haut nimmt die Strahlung auf und erlaubt nur den Strahlen einzudringen, die von der Haut gemildert wurden und ihre Struktur verändert haben. Die Strahlen dringen zwar ein, aber ihre elektrischen Eigenschaften haben sich von einem pulsierenden System in eine Art Erprobungssystem verwandelt. Die Haut verändert also die Natur elektrischer Energie. Die Haut ist dieser elektrischen Energie gegenüber sehr sensitiv. Viele von euch haben schon einmal einen Sonnenbrand gehabt, und einige lassen sich gern von der Sonne bräunen. Aber bräunen bedeutet einfach, daß sich die Haut mit dem elektrischen Energiesystem auflädt und es sammelt und das Wesen dieses Systems in ein Erprobungssystem verwandelt.

Während des Channelns umgeht oder durchdringt die elektrische Verbindung die Oberfläche deines Körpers, deine Haut. Sie bewegt sich auf den Erprobungszustand zu, ohne ihre Natur zu verändern. Du umgehst sozusagen einen der Schritte, die auf der physischen Ebene existieren, um dich davor zu bewahren, zuviel oder mehr Energie, als du vertragen kannst, aufzunehmen. Aus diesem Grund entwickeln einige unter euch Widerstände oder lassen zumindest keine umfassende Verbindung beim Channeln zu. Dein physischer Körper fühlt sich sozusagen überwältigt, glaubt, er könne mit dieser Energieverbindung, die direkt in das Zellularsystem eindringt, nicht fertigwerden. Ihr müßt aber wissen, daß die Energie des Lehrers, in diesem Fall also meine Energie, eine integrierende Qualität hat. Wenn sie sich mit eurer Energie verbindet, so könnt ihr den integrativen Prozeß direkt in jene atomaren Zellen lenken. Mit anderen Worten, du kannst sozusagen einen Schritt in dem Prozeß überspringen. Und das ist einer der Vorteile, ein Channel zu sein. Die Energie hat schon eine integrierende Qualität, und je mehr du channelst, desto tiefere Schichten deiner physischen Existenz profitieren natürlich von der integrierenden Natur dieser Verbindung. Das heißt nicht, daß wir für dich ein vollkommen integriertes Leben erschaffen können, aber es bedeutet doch, daß dein physischer Körper für den Entwicklungsprozeß und ein feineres Schwingungsniveau sensibilisiert wird, und zwar auf folgende Weise: 1.) kannst du mit feinerer und gleichzeitig kraftvollerer Energie umgehen; 2.) vermagst du dich direkter auf die Zellularebene zu beziehen, weil der Energie-Korridor sie erhellt und 3.) erkennst du eine mögliche spirituelle Progression einer rein physisch scheinenden Situation, so daß sich ein Gespür für die ganzheitliche Natur unserer Existenz einstellt. Je mehr man channelt, desto mehr lernt man die Vielfalt der Existenz und die Breite der Energiestimulierung erkennen, die mit dem Prozeß des Channelns beginnt.

Der Grund, warum ich all das auseinandersetze, ist, daß ich euch helfen will zu sehen, daß Channeln für viele das Abkürzungssystem sein kann, nach dem ihr in eurer Entwicklung sucht. Es zeigt euch beständig, wie ihr direkt aufs

Ziel zugehen könnt. Dieses Ziel ist natürlich das Verständnis des ganzen Vorgangs. Selbst wenn du versuchen solltest, von dem direkten Weg abzugehen, wird dich das Channeln, wenn du es weiter praktizierst, ständig wieder zurückbringen und dir zeigen, was der direkte Weg ist. Es ist natürlich notwendig, daß du deinen Kanal ständig reinigst, damit du die reinste Verbindung, die in allen Bereichen möglich ist, bezeugen kannst.

ENERGIE-DARSTELLUNGEN

Wir wollen nun unser Gespräch mit der sechsten und siebten Stufe des Channeling mit Vywamus in einer ziemlich umfassenden Weise fortsetzen. Ich stimme mit euch überein, daß diese zwei Stufen ziemlich „abgehoben" aussehen, und sie sind es auch (S. 63 u. 64). Sie sind sozusagen universelle Arten der Verbindung. Wenn ihr die sechste mit der fünften Stufe vergleicht, seht ihr die proportionale Veränderung bei der Darstellung der höheren Chakren. Diese Perspektive ist im Grunde richtiger als die früher dargestellte. Aber man könnte vielleicht sagen, daß die Saat der höheren Chakren auf der fünften Stufe gezeigt wird und die sechste Stufe über diese Saat und die faßliche Darbietung der höheren Chakren hinausgeht.

Ihr werdet bemerken, daß das 11. Chakra neu hinzugekommen ist. Es bildet eine Art Brücke für verschiedene Sichtweisen, eine Brücke, die zu einer Wahrnehmungsfähigkeit über Schranken und Grenzen, vor allem die der physischen Ebene führt. Dies geschieht durch Verbindungsstäbe, die jeden Bereich von Widerstand durchdringen und Verbindungspunkte aktivieren. Diese eindringende Energie löst jeden Widerstand, der ja eine bestimmte Schwingung ist, auf.

Schau dir die beiden Seiten längs der Chakren an, die fast wie Hörner aussehen. Was bedeuten sie? Sie sind sozusagen die Antennen, die Empfänger sowie auch die Organe, um eine sehr kosmische Botschaft auszusenden. Damit man ein Wesen von der Mitschöpfer-Ebene möglichst umfassend übertragen kann, müssen die Empfänger- und Senderorgane mit Energie aufgeladen werden. Wir könnten also sagen, daß diese sechste Stufe die Mitschöpfer-Stufe ziemlich umfassend empfangen kann. Jeder Empfänger strahlt Bewußtseinsstufen aus, die bestimmte Verbindungspunkte mit der Mitschöpfer-Stufe stimulieren. Diese treten aufgrund ihrer Feinstimmung in einen Prozeß der Assimilierung ein, der durch den Vorgang des Channeling in eine Stimulierung von Energie übersetzt wird. Das kann sich in Worten oder in Bewegung ausdrücken. Jedenfalls wird der Channel eine künstlerische Darstellungsweise wählen oder er wird mit einer anderen Methode eine Stimulierung einer bestimmten Sichtweise auf der Mitschöpfer-Stufe zeigen. Normalerweise empfängt man nur eine Sichtweise dieser Ebene und vermittelt sie auf der Channeling-Stufe Nummer 6.

Beachte auch, daß das Kronen-Chakra ein ziemlich vollkommener Energieträger für die sieben Chakren ist. Man kann das sehr klar erkennen. Am stärksten hervorgehoben ist das Herz-Chakra, die anderen drei sind nur Teil dieser wichtigen Chakra-Stufe. Auch die Kehle ist eine höhere Oktave davon. Das vielgerichtete und multi-dimensionale Strahlen des Dritten Auges stimuliert etwas, das man eine dimensionale Stanzmaschine oder die Fähigkeit, dimensionale Antworten in umfassender Weise zu erhalten, nennen könnte. Zusätzlich zu dieser vollkommenen Hülle von Energie könnt ihr in der Physis ein sehr kraftvolles elektrisches System erkennen, das vom Körper ausstrahlt wie nie zuvor. Tatsächlich ist die physische Struktur auf der sech-

sten Channeling-Stufe ein vollkommen gestimmter, integrierter, pulsierender elektrischer Stromkreislauf, der
überall oder fast überall im Kosmos Kontakte herstellen
kann.

Achte auch auf das Gefühl von Kraft, das in dieser Skizze
festgehalten ist, obwohl es sich hier gewiß nicht um Erd-
kraft handelt. Die Zeichnung hat keinen besonderen künst-
lerischen Anspruch, sondern sie soll euch mit der Bewegung der Energie, die eigentlich die Bewegung des Kosmos
ist, in Berührung bringen. Diese Stufe strahlt wie die
Sonne, und wenn sie mit einer gewissen Beständigkeit
eingesetzt wird, so kann der Channel eine sehr mächtige
evolutionäre Spirale für die Erde erzeugen. Auf dieser
Stufe gewinnt man einen direkten Zugang zu dem Potential der Erde wie dem der Menschheit und des Channels
selbst. Es ist wichtig zu erkennen, daß der Respons der
Energie auf dieser Stufe so fein und integriert ist, daß die
Bewegung im physischen Körper die gesamte Bewegung
der Evolution der Erde erfassen kann. Das heißt, wenn ich
einen Channel auf dieser Stufe benutze und ihn physisch
bewege, begeben wir uns sozusagen auf die Spur der Erde-
volution, oder wir erschaffen Ausweichmöglichkeiten für
festgefahrene oder gestaute Energiebereiche. Die physische Bewegung auf Stufe 6 ist also ein direktes Mittel, um
Konflikte, Barrieren oder festgefahrene Wahrnehmungen
auf dieser Erde zu überwinden. Gewiß müssen wir, eure
spirituellen Lehrer, diese Bewegung „orchestrieren". Zu
der Integration auf dieser Stufe gehört die vollkommene
Hingabe an den Prozeß, die der Channel durch die Öffnung seines Herzzentrums zuläßt. Diese Bewegung wird
nicht unbedingt vor großen Zuhörermengen stattfinden.
Eher werden wir den Channel bitten, zu bestimmten Plätzen zu gehen, um dort durch ihn physische Alternativen
für die festgefahrenen Energiemuster der Erde zu schaffen.

Vielleicht wird der Channel den Zweck solcher besonderen Ausflüge nicht einmal erkennen, weil alles so gut zusammenpaßt. Es ist nicht nötig, daß der physische Channel alles weiß, was durch den Übertragungsvorgang geschieht.

All das wird sich allmählich enthüllen, und man wird als Channel Schritt für Schritt die umfassende Natur des Channeling-Vorgangs sowie die Alternativen sehen, die er für die Verstrickungen in die eigene Evolution oder für das Massenbewußtsein anbietet.

Schauen wir uns nun die Stufe sieben an. Hier sehen wir das „Höchste", was im Bereich des Channelns möglich ist. Zumindest würde ich das für die Arbeit mit mir während der nächsten 2000 bis 4000 Jahre auf der Erde behaupten. Ist diese Vorausschau weit genug? Ich denke doch. Es ist sogar schwierig, sich das aus einer mentalen Perspektive vorzustellen oder es zu verstehen. Man benötigt eine integrierte Sichtweise, um dieses visuelle Symbol zu verstehen. Ihr könnt die vielen Spiralen und die Verwandlung der Energiehülle in eine Spiralenwirkung der Energie erkennen. Ihr seht das Chakrensystem mit seinem integrierten Blickwinkel, die breite, angrenzende Spirale, die sich an den Füßen befindet, sowie die Hinzufügung des zwölften Chakras mit den zentrierenden oder Spiraleneffekten sowie genau darunter eine Energieform, die wir das Chakra elfeinhalb nennen könnten. Es gehört tatsächlich zum elften Chakra, aber es bildet eine Art Brücke zum Bereich des zwölften Chakras. Dieses Bildsymbol deutet euch die vollen Proportionen eurer Energiezentren genau an. Du kannst die Bewegung, die Energiebewegung förmlich spüren, wenn du es anschaust. Das ist der voll integrierte Kanal. Meine Energie bewegt sich ununterbrochen durch dieses gesamte System hindurch, so daß die Stimulierung all der höheren Chakren sowie die Integration der niedrigen Chakren — wir sehen die drei niedrigen Chakren als eine das Herz reflektierende Spirale — erfolgen kann. Wir sehen das Dreieck in der Kehlkopfgegend und den Stern, der sich im Dritten Auge gebildet hat. Der Umkreis des Kronen-Chakras strahlt, und dann gibt es zusätzliche Energiespiralen auf beiden Schultern. Diese beiden Energiespiralen sowie die in Kniehöhe sind integrierende Punkte, sensitive Verbindungen, die meine Energie von einer Stufe, die wir den Gipfel nennen können, bündeln.

Ich will das noch auf eine andere Weise erklären. Nehmen wir an, ich würde in einem Appartment wohnen. Es ist ein großes Appartmenthaus, und ich wohne im Penthaus. Du rufst mich an oder setzt dich mit mir aus dem Erdgeschoß in Verbindung. Im Erdgeschoß befindet sich die Telefonzentrale, die eine Verbindung zum Penthaus herstellt. Bis zum siebten Stock muß der Strom durch dieses System im Erdgeschoß laufen, um zum Penthaus zu gelangen. Jede dieser drei Spiralen, das Knie und jede Schulter, stellen dieses Schaltsystem, das einen direkten Zugang zum Penthaus erlaubt, ohne diese Erdgeschoßverbindung durchlaufen zu müssen, dar. Bis zu diesem Punkt hast du wirklich die Erde zur Übermittlung deiner Energie benutzt, um beim Channeln auf der physischen Ebene zu bleiben. Mit der siebten Stufe aber bist du als Channel, so wie wir, fähig, buchstäblich jeden Punkt lichtempfänglich zu machen, indem du dich auf diese lichtempfindlichen Punkte in deinem eigenen Aurafeld beziehst. Um eine Verbindung herzustellen, brauchst du nun nicht mehr aus diesem Feld herauszugehen. Das bedeutet, daß der Channel eine ganz neue Bewußtseinsstufe erreicht hat, einen Punkt, der gleichzeitig unabhängiger und doch kosmisch bewußter und beziehungsvoller ist. Wenn ich, Vywamus, einen physischen Körper hätte und als Mit-Schöpfer channeln würde, würde ich diese Stufe wählen. Eines Tages werdet ihr sie alle benutzen, zumindest diejenigen, die den

Channeling-Vorgang ständig als Mittel zur Entwicklung des Bewußtseins und zum Dienst am Plan verstehen und nutzen. Denk daran, daß alle diese Diagramme nur dazu dienen sollen, dein intuitives Verständnis anzuregen. Wir hätten auf viele verschiedene Arten zeichnen können, und wenn die siebente Stufe so abgehoben aussieht, habe ich gewissermaßen mein Ziel, ein Verständnis oder ein Gefühl für ihren kosmischen Zustand zu wecken, erreicht. Channeling selbst ist kosmischer Natur, und deine eigene Fähigkeit, deinen Energiekörper auf Empfangen und Übertragen feinzustimmen, wird diesen sensitiven Bewußtseinspunkt hervorbringen und nach außen bezeugen, den wir die Stufe des Mit-Schöpfers nennen. Meine Absicht ist es also, wie ich schon gesagt habe, mit diesen Diagrammen euer intuitives Verständnis von der fortschreitenden Natur der Kanalöffnung anzuregen. Alles dient dem Ziel, daß ihr eine klarere Verbindung seht.

In unserer nächsten Lektion wollen wir beginnen, verschiedene Teile der physischen Struktur selbst sowie die Auswirkungen des Channeling auf diese anzuschauen. Ich will auch hier nicht versuchen, euch eine wissenschaftliche Betrachtungsweise zu geben, sondern eine kosmische, die das Gesamtbild erfassen kann: wie bestimmte Wirkungen durch den Channeling-Vorgang erzeugt werden, und wie man diese Perspektive oder diese Wirkung je nach Wunsch entweder verstärken oder loslassen kann, falls sie weder dem Vorgang selbst noch dem Leben nützen. Es ist also wichtig, den Channeling-Vorgang zu „lenken", und deshalb will ich in diesen Lektionen sehr viele neue Aspekte hervorheben, damit ihr ein klareres Verständnis vom Channeling-Vorgang und seiner physischen Entfaltung gewinnt.

Danke! In Liebe — Vywamus

Stufe VI
Interaktion der physischen Energie mit Vywamus im Channeling-Prozeß

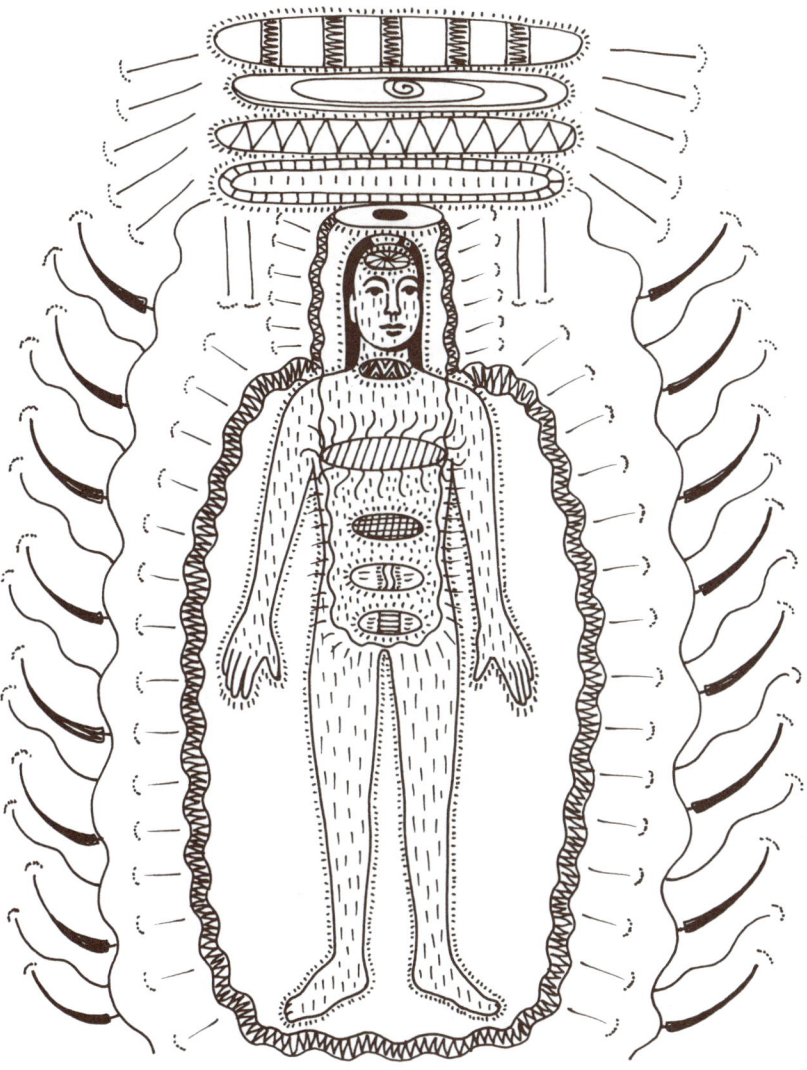

Stufe VII
Interaktion der physischen Energie
mit Vywamus im Channeling-Prozeß

MEDITATION

Vor dir befindet sich ein großes blaues Viereck. Es ist von elektrischer Natur, eher wie eine große, blaue, elektrische Tür. Nähere dich der Tür in dem Bewußtsein, daß es nicht gefährlich ist. Nun lade ich dich ein, in dem elektrischen Feld dieser blauen Energie zu stehen. Mach dir bewußt, daß es nicht wehtun wird.*

Bleib in diesem elektrischen Feld stehen, bis du das Gefühl hast, davon emporgehoben zu werden. Du kannst dabei das Empfinden haben, förmlich in den Kosmos geschleudert zu werden. Wenn das so ist, schau, wohin es geht, erkunde den Kosmos, während es nach oben geht. Wenn du das zu einem anderen Zeitpunkt wiederholst — du kannst das so oft machen, wie du willst, — siehst du vielleicht einfach eine neue Stufe. Wenn das so ist, dann mach' dir bewußt, was du auf dieser neuen Stufe um dich herum siehst, und beginne, die Bedeutung dieser neuen Stufe in dein Verständnis zu integrieren. Zunächst erlebe also die elektrische Stimulierung bis zu dem Elevationsmechanismus, und achte dann auf die Reaktion, die Erfahrung, die sich bildet, und versuche das in dein Verständnis zu integrieren. Wenn du diese Meditation täglich zwei Wochen lang machst, wirst du die elektrische Energie in einer klaren, integrierenden Weise nutzen, also auf eine Art, die das Verständnis für den integrativen Prozeß jetzt weckt.

---

* Einige von euch haben bestimmte Vorstellungen von elektrischer Energie, und wenn es schwierig für dich ist, in dieses blaue Feld hineinzugehen, mußt du vielleicht einige Vorstellungsmuster beseitigen und dir neue Erkenntnisse über elektrische Energie aneignen.

Lektion 5

Ich möchte die Behandlung des physischen Körpers mit
dem endokrinen System beginnen und euch bitten, eure
Aufmerksamkeit auf dieses zu lenken. Das Drüsensystem
der physischen Struktur setzt sich aus den physischen,
integrativen (einheitsbildenden) Punkten zusammen,
durch die die physische Struktur ihre harmonische Funktionsweise aufrechterhält. Jeder endokrine Punkt entspricht einem bestimmten Chakra. Einige haben zu mehre-
ren Chakren eine Verbindung, und zwar nicht unbedingt zu
dem, dem sie physisch am nächsten liegen. Jede Drüse
besitzt ein Response-System zu den anderen Drüsen sowie
ein Bewußtsein von der gesamten Drüsenfunktion.

Wir wollen uns nun zunächst mit der Hypophyse (Hirn-
anhangdrüse) und der Epyphyse (Zirbeldrüse) beschäftigen. Die Hypophyse liegt tief in der Mitte des Kopfes,
obwohl sie traditionellerweise im Bereich des Dritten
Auges dargestellt wird. Sie ist ihrem Nachbarn, der Epyphyse, wirklich sehr nahe. Die Epyphyse ist buchstäblich ein
Teil des physischen Gehirns, und sie stellt die physische
Verbindung dar, die es der Seelenstufe ermöglicht, den
physischen Körper zu steuern. Durch die Epyphyse und ihre
enge Verbindung mit der Hypophyse fließt ein sympatheti-
scher Schwingungsstrom. Wenn die Seele eine Erhöhung
der Frequenz anregt, beginnen die Zellen jeder Drüse
bestimmte Hormone auszuscheiden, um diese neue Frequenz innerhalb des Systems zu regulieren. Jedes Hormon
hat eine bestimmte Funktion innerhalb des Regulierungssystem des physischen Körpers. Wir könnten sagen, Epy-
physe/Hypophyse sind die Direktoren dieser Wechselwir-
kung der Drüsen. Man muß unbedingt verstehen, daß diese

Epyphyse/Hypophyse-Direktoren eine richtungsweisende Funktion bei bestimmten Tätigkeiten der Drüsen haben, auch wenn es scheint, daß sie dabei nicht beteiligt sind.

Die Epyphyse beginnt erst jetzt in der Menschheit eine wichtigere und stimulierende Wirkung auf den physischen Körper und sein endokrines System zu beanspruchen. Channeling kann die Stimulierung der Epyphyse unterstützen, und als Folge davon regt die Hypophyse Punkte an, die in zielgerichteter Weise bestimmte physische Reaktionen stimulieren, die im Körper und seinen verschiedenen Systemen eine Stufe der Integration erzeugen, wie er sie nie vorher zu erreichen vermochte. Ich will euch hierfür ein Beispiel geben: Die musikalische Tonleiter hat sieben Haupttöne: c, d, e, f, g, a, h. Man könnte diese Töne noch genauer analysieren, aber für unsere Zwecke bedeuten diese sieben bestimmte stimulierende Punkte, die auf musikalische Weise in Schwingung versetzt werden, wenn durch Töne Bewußtsein erzeugt werden soll. Ein Musikstück wird also diese sieben Töne (und natürlich die Intervalle zwischen diesen Punkten) verwenden, um eben das zu erschaffen, was man ein Musikstück nennt. Es ist vollkommen eine Perspektive der Töne, wenn du so willst. Der Schwingungspunkt, der „c" genannt wird, oder der Punkt, der den „Schlüssel" bildet, ist der Direktor, und die Musik gestaltet sich durch diese Leittonperspektive. In unserer Analogie steuern Epyphyse/Hypophyse die Verbindung der Schwingungen durch das ganze endokrine System, und je „stimulierter" sie durch die Seele oder die Channeling-Verbindung sind, desto stärker wird die physische Struktur auf den vollständigen Gebrauch dieses integrativen Werkzeugs, genannt endokrines System, reagieren. Es ist notwendig, die Art der Steuerung durch die Epyphyse/Hypophyse zu betrachten.

Wir können sie personifizieren und sagen, daß ihre gemeinsame steuernde Tätigkeit dem Dirigenten eines Symphonieorchesters entspricht. Ziel dabei ist ein Konzert, das über die physischen Noten, die gespielt werden, hinausgeht. Eine Begegnung der Inspiration, die eine einzigartige und mitreißende Stufe des Miteinanders bewirkt, in der man sozusagen den Ton als Werkzeug für das Bewußtsein einsetzt. Obwohl sie die Rolle der Direktoren spielen, müssen Epyphyse/Hypophyse aufgrund ihrer Fähigkeit, mit einer feineren stimulierenden Schwingungshöhe als der des übrigen Systems sich verbinden zu können, eine inspiratorische Wirkung haben.

Zum Zeitpunkt der Niederschrift dieser Aufzeichnungen im September 1987 waren viele von euch zum ersten Mal bereit, mit den Epyphyse/Hypophyse-Direktoren eine sehr viel feinere und gleichzeitig kraftvollere Stimulierung ihrer Schwingungen aufzunehmen, als es je zuvor auf der Erde möglich war. Dennoch beginnt die integrative Arbeit in dem Prozeß für viele von euch erst noch. Vor der Erfahrung der Harmonischen Konvergenz hatte euer physischer Körper einen Bezugspunkt, doch durch die physischen Direktoren in den Epyphyse/Hypophyse-Drüsen wird eure physische Struktur nun in einer neuen Weise angeregt. Es ist wichtig zu verstehen, daß Epyphyse und Hypophyse einerseits zusammenarbeiten und doch auch eigene Funktionen haben. Die Epyphyse wirkt durch ein Hormon, das zwar physischer Art, aber noch nicht genau erkannt ist, weil sein Auftreten im physischen Körper nur mit Unterbrechungen erfolgt. Von der Epyphyse ausgehend, wird die Botschaft durch das inner-sekretorische System weitergeleitet, um diesen Neubeginn auf der Erde zu ermöglichen.

Ich muß hier nun auf die Thymusdrüse zu sprechen kommen. Physisch gesehen ist sie ein Teil des Herzens und beeinflußt den Wachstumsvorgang der Lymphdrüsen. Sie produziert ein Hormon, das das Lymphknotensystem aufzubauen hilft. Das geschieht während der frühen Jahre eines physischen Lebens, und eure Mediziner sind der Meinung, daß die Thymusdrüse nach der Pubertät ihre Funktion verliert. Doch die Epyphyse versucht, die Thymusdrüse wieder zu wecken, sie sendet ihre Botschaft, um sie aufzuwecken. Und das gilt für alle, gleich welchen physischen Alters. Wird sie Erfolg haben? Für viele von euch heißt die Antwort: ja. Es ist natürlich kein Zufall, daß die Thymusdrüse ein Mitglied des „Herz-Teams" ist. Das bedeutet, daß ihr Sitz die Wichtigkeit des Herzzentrums in energetischer Hinsicht unterstreicht. Das Herz hat die Funktion, innerhalb der dichten körperlichen Struktur das Energieniveau zu erzeugen und aufrecht zu erhalten, das für die Erfüllung der Absichten der Seele notwendig ist. Die Epyphyse möchte also den Einsatz der Thymusdrüse wieder reaktivieren, damit die physische Struktur selbst sich weiterentwickeln kann. Ohne ihre integrative und kräftespendende Funktion vermag die physische Struktur die Tätigkeiten der Seele möglicherweise nicht in Harmonie zu bringen. Deine physische Struktur muß nun durch dein endokrines System einen Austausch von Sekreten bestimmter Hormone zulassen, die zur Anhäufung bestimmter Reize im Blut führen. Diese setzen sich bis zu bestimmten Punkten im Körper fort und regen sie damit an, jeden Teil der physischen Struktur in die Strömung und Schwingung der feinen, doch äußerst appellativen Stufe, die wir Seele nennen, zu integrieren.

Das Ziel dieser Lektion ist jedoch nicht, eine genaue wissenschaftliche Betrachtungsweise zu geben, denn der wissenschaftliche Standpunkt schließt den spirituellen nicht ein. Es ist wichtig zu erkennen, daß der spirituelle Bereich der Stimulator für die Integration und damit für die

Entwicklung des physischen Körpers auf sein Ideal hin ist und daß er über die Verbindung mit der Epyphyse wirkt. Nun wollen wir keineswegs die DNS/RNS-Faktoren (= Nucleinsäuren) außer acht lassen, zumal der Alterungsprozeß am besten von dem durch die DNS/RNS-Faktoren stimulierten Vererbungsvorgang her betrachtet werden kann. Wenn man die Sache jedoch vom endokrinen System her betrachtet, kann man sehen, daß sich das System durch die Sekretion von Hormonen ausgleicht, wenn der Direktor des Systems, die Epyphyse/Hypophyse-Drüsen, bewußt genug ist. Diese Hormone regen bestimmte Drüsenreaktionen an, die daraufhin andere Drüsen im System regulieren oder an einen Punkt zurückführen, der durch die Stimulierung und den Austausch produktiver geworden ist. Denk daran, die gesamte Existenz funktioniert in einem Gruppenprozeß; es gibt nichts, was isoliert ist, und so wird das System der physischen Struktur in seinem „Gruppencharakter" durch ein allgemeines Überwachungssystem aufrechterhalten, das das Gesamtbild des Ziels klar vor Augen sehen kann, wenn es — vom Spirituellen angeregt — im Bewußtsein wächst. Dann werden scheinbar winzige Korrekturen innerhalb des Systems jede Art von Abwegen korrigieren, und das hat eine harmonisierende, freier fließende und zweifellos integrierende Wirkung auf den Körper.

Wenn du Licht in dein Unterbewußtsein bringst und es klärst, reagiert die Hypophyse darauf in ziemlich direkter Weise — könnte man sagen. Meiner Meinung nach steht die Hypophyse in direktem Kontakt zum Unterbewußtsein, auch wenn andere spirituelle Lehrer in diesem Punkt nicht mit mir übereinstimmen mögen. Die Hypophyse, die ein Symbol für die Integration des inneren und äußeren Sehvorgangs ist, wird zweifelsohne von der Beseitigung von Blockierungen im Unterbewußtsein stimuliert, denn in einer integrierten Weise ganzheitlich zu sehen bedeutet ja, den kreativen Prozeß als solchen zu erkennen.

Der Channeling-Vorgang hat für deine physische Struktur eine aufbauende Funktion, wie wir schon früher festgestellt haben. Meine Energie, die durch deinen Kanal fließt, stimuliert deinen physischen Körper. Wir können und werden das auch noch von vielen Seiten her betrachten, aber in dieser Lektion geht es darum, daß sie dazu anregt, die Integration aller physischen Funktionen innerhalb des physischen Körpers klarer und bestimmender zu steuern. Das ist eine interessante Behauptung, und ihr könnt mir nun entgegnen, warum wir dann in früheren Lektionen über all die Störungen (Irritationen) geredet haben? Ist das nicht eine entgegengesetzte Betrachtungsweise? Das ist es in der Tat, es ist, wenn du so willst, die „Kehrseite" meiner früheren Behauptung, doch spirituell eine Bestätigung für dich. Die gute Nachricht dabei ist, daß deine physischen Reaktionen durch das Channeln stimuliert werden. Ohne zu Channeln könntest du zehn oder zwanzig Leben dazu benötigen, um jenen Integrationsgrad zu erreichen. Dabei beziehe ich mich hier auf jemanden, der regelmäßig und ziemlich umfassend channelt. Aber wenn ihr nach einem Mittel zur Integration in eurem Leben sucht, so kann das Channeln die Stimulierung der physischen Ebene mit Hilfe des endokrinen Systems ermöglichen, indem die Anweisung dazu über euren Kanal erfolgt. Diese Anweisung, die durch die Zentrierung des Channeling-Vorgangs auf der Seelenstufe entsteht, hilft dir nicht nur, eine sichere, integrierte Basis für die Absichten der Seele zu haben, sondern auch für die Nutzung deiner eigenen höheren Fähigkeiten. Sie ermöglicht ein sehr kosmisches Kommunikationssystem durch den erwachenden Sinn für die Stimulierung durch Licht, die man den *Lichtkörper* nennt. Man muß in seinem physischen System sehr sicher und stabil sein, um diese Licht-Verbindung während der irdischen Existenz zuzulassen, zu erkennen oder nach außen zu bezeugen. So erlebst du jedesmal, wenn du channelst, eine Stimulierung der Epyphyse/Hypophyse, die innerhalb der physischen Struktur des Bewußtseins einen verbindenden Faktor besitzen. Dieses Bewußtsein wird dann sozusagen in das ganze endokrine System ausgeschüttet. Ein Punkt stimuliert den andern, bis alle Punkte im System durch einen Rückfluß in appellativer Weise eine neue Stufe des Verstehens erreicht haben. Ja, manchmal bedeutet das nur eine kleine Veränderung, aber wie ein kleiner Tropfen Wasser auf einem Felsen die harte Oberfläche allmählich auswäscht, so wird auch eine beständige Übung im Channeln allmählich die physischen Barrieren, die undurchdringlich schienen, überwinden. Man könnte sagen, daß Channeling den integrativen Vorgang erhellt oder das endokrine System anregt, über seine frühere Reaktionsfähigkeit hinauszuwachsen. Es gibt bestimmte wichtige Reaktionspunkte, und wie wir schon besprochen haben, spiegelt deine Beziehung zur Erde die wesentlichen Veränderungen im Bewußtsein der Erde, was dich in der Folge dann wieder physisch beeinflußt. Solch eine wesentliche Veränderung hat gerade stattgefunden. Die Harmonische Konvergenz hat die Perspektive auf der physischen Ebene verändert, und diese Veränderung wirkt sich nun in deinem System physischer Reaktionen aus. Für unser Thema bedeutet das also, daß das endokrine System von gewissen grundlegenden Mustern und Reaktionen des Massenbewußtseins befreit ist und sich nun feinstimmen kann. Auf diese Weise erhöht es die Sekretionsstufe, die dann seine eigene Balance bzw. Stabilität in einer Weise herbeiführt, wie es niemals zuvor möglich gewesen ist.

Ich, Vywamus, habe für die Vorbereitung dieser Lektion Untersuchungen gemacht und bin sehr erfreut über die Überwindung von bestimmten kollektiven Anschauungen. Ich sehe, wie erst jetzt auf subtile Weise das Erwachen des

Drüsensystems beginnt, das auf der physischen Ebene innerhalb des Sekretionsprozesses bestimmte winzige Substanzen absondert, was bestimmte Reaktionen hervorrufen wird, die physisch vorher niemals möglich waren oder doch nur bei den wenigen Menschen, die in ihrer Entwicklung den Punkt erreicht hatten, den man Himmelfahrt nennt. So hat der Neubeginn der Erde das Massenbewußtsein und eure eigene Verstrickung darin in einer Weise außer Kraft gesetzt, die den kreativen Gebrauch des endokrinen Systems über den Massengebrauch hinaus möglich macht. Wir werden innovative Reaktionen des Systems erleben, und ich weiß, daß eure Wissenschaftler sich in den kommenden Jahren wundern werden, weil sie nicht verstehen, daß die Überwindung des Massenbewußtseins die Direktorenverbindung der Epyphyse/Hypophyse-Drüsen ermöglicht, die alternative Möglichkeiten auf der physischen Ebene zulassen, die nicht immer in das gewohnte „System" passen. Vielen von euch wird es möglich sein, bestimmte Krankheiten zu überwinden. Obwohl bereits in's System eingedrungen, brauchen sie sich nicht dort einzunisten, wenn das System Alternativen erkennt und durch die Thymusdrüse ein neues System aufbaut, das über das fundamentale hinausgeht. In dem Maße, wie du beim Channeln lernst, deine Kreativität in Angleichung an meine zu nutzen, wird deine physische Struktur von unserer gemeinsamen Bemühung profitieren und noch vorhandene Unterschiede im Bewußtsein mit der physischen Stimulierung neuer Alternativen, neuer Ansätze überbrücken, sowie einem wachsenden Verständnis von den unbegrenzten Parametern, die ihr zur Verfügung stehen.

Als ein Channel hast du die Möglichkeit, deine physische Struktur, dein eigenes Universum in einzigartiger Weise zu erschaffen. Es gibt zweifellos ein Göttliches Ideal (des Menschen). Du bedienst dich gegenwärtig des Adam

Kadmon-Modells, des Göttlichen Entwurfs oder Plans, aber der besteht nicht nur aus einer oder einer begrenzten Perspektive, sondern er ist evolutiv angelegt. Die Menschheit macht bisher nur fundamentalen Gebrauch von ihm und hat sich noch nicht sein evolutives Potential erschlossen. Du solltest täglich mit deiner physischen Struktur sprechen und vielleicht an die Epyphyse/Hypophyse folgende Fragen richten: Ziehst du Alternativen in Betracht, benutzt du das System in evolutiver Weise?

Nutzt du deine Kreativität in direkter Kommunikation mit der Epyphyse/Hypophyse? Du kannst den Prozeß auf der physischen Ebene noch stärker anregen.

Ich danke dir für deine Aufmerksamkeit,

In Liebe, Vywamus

MEDITATION

Vor dir liegt eine Ebene. Sie dehnt sich aus, soweit du sehen kannst. In der Ebene stehen sieben Häuser von verschiedenen Farben. Du siehst sie von einem erhöhten Standpunkt, so daß du alle sieben überschauen kannst.

Betrachte, wie sie miteinander in Verbindung stehen. Da ist ein Fließen, das sie verbindet, aber nicht einfach von einem zum andern. Wenn das eine vom andern stimuliert wird oder sich mit ihm verbindet, dann reagiert es darauf und gibt die Stimulierung zurück. Zwischen allen sieben Häusern besteht also ein kompliziertes Rückflußsystem. Betrachte dieses System genau. Wir wollen alle sieben durchnumerieren. Wenn wir uns zum Beispiel auf die Nummer 6 konzentrieren oder sie stimulieren, wird die Nr. 1 auch stimuliert und reagiert darauf. Wenn das Haus Nr. 3 mit einem andern in Beziehung steht, wird ein anderes Haus gleichzeitig stimuliert und kommuniziert besser im System. Schau dir diese fließende Verbindung zwischen den sieben Häusern an, denn sie stellt das endokrine System und seine Fähigkeit, im System zu fließen und Reaktionen zu erzeugen, symbolisch dar. Erfahre deine Fähigkeit, das Gesamte zu steuern. Wenn dir klarer wird, wie das System funktioniert, versuche kleine Veränderungen durchzuführen und erweitere dein Verständnis davon, wie die kommunikativen Verbindungen zwischen den sieben Brennpunkten zu nutzen sind. Du kannst auch darauf achten, was in der gesamten Umgebung vor sich geht. Wenn du das System verstehst und seine komplizierten Reaktionen in immer klarerer Weise nützt, kannst du als Schöpfer diese sieben Punkte dazu aktivieren, auf der physischen Ebene ein wachsendes Verständnis von Unbegrenztheit sowie die Einsicht zu gewinnen, wie diese Unbegrenztheit auf deine Anweisung als Schöpfer reagiert.

Übe diese Meditation mindestens zwei Wochen lang bis zur nächsten Lektion und darüber hinaus.

Ich danke euch.

In Liebe, Vywamus

Lektion 6

Wir setzen unser Gespräch über das endokrine System nun mit der Betrachtung der Schilddrüse und den Nebenschilddrüsen fort. Viele von euch wissen, daß diese beiden Drüsen ihren Sitz in der Kehlkopfgegend haben. Aber vielleicht habt ihr ihre Funktion und ihre Beziehung zueinander nicht vollständig verstanden und die Wirkung nicht bedacht, die das Channeln auf diese Drüsen hat. Wieder einmal beeile ich mich zu betonen, daß ich hier nicht von eurem traditionellen wissenschaftlichen Standpunkt ausgehe, sondern einfach Aspekte des Selbst und ihre Beziehungen untereinander erörtern will. Wenn wir uns den Dingen in dieser Weise annähern, könnt ihr euch daran erinnern, daß wir bereits über die Epyphyse und Hypophyse als die steuernden Stimulatoren des endokrinen Systems gesprochen haben. Was macht nun die Schilddrüse in diesem Zusammenhang? Spirituell gesehen hat sie eine Regulierungsfunktion, und physisch gesehen sondert sie eine bestimmte Substanz ab, die eure Beziehung zur physischen Existenz verändert. Nun, das ist eine sehr gewichtige Behauptung, die ich hier mache, vor allem über so ein Ding wie die Schilddrüse. Aber wenn wir uns die metaphysische Bedeutung des Kehlkopf-Chakras vergegenwärtigen, könnt ihr zu verstehen beginnen, daß die Schilddrüse die physische Manifestation dieses Prozesses ist.

Die Kehle oder das Zentrum des Willens ist ein Punkt, an dem man versucht, die Entscheidungen, die man zum Wohl des Ganzen trifft, zu integrieren oder zuzulassen. Sie beseitigt buchstäblich die subjektive Sicht, die sich auf das Selbst als das einzig Wichtige bezieht. Es wird hier auf einen Vorgang der Hingabe, der vom Herz-Chakra ausgeht,

Bezug genommen. Im Sinne des Kehlkopf-Chakras ist die Kehle der Mechanismus, über den die Hingabe des Herzens erfolgt. Daher ist das Kehlkopf-Chakra ein struktureller Mechanismus, der zu erkennen erlaubt, was mehr dem Ganzen als nur dem eigenen Selbst dient. Wenn wir das nun wieder auf der physischen Ebene betrachten, ist die Schilddrüse eine Drüse, die das System der endokrinen Kombination in seiner Gesamtfunktion ausgleicht. Häufig kann das ganze endokrine System seine Reaktionen, die von den Reaktionen anderer Drüsen abhängen, nicht in Harmonie bringen. Nun könntet ihr einwenden, daß das gesamte System auf jeden seiner Teile reagiert, aber gleichzeitig befindet sich die Schilddrüse im Kern dieses Systems, um einen geordneten und fortschreitenden Gebrauch des Systems zu gewährleisten. Das geschieht aber nicht im gleichen Sinne wie bei der Epyphyse und der Hypophyse. Sie sind die Direktoren in dem Sinne, wie ein General eine Oberaufsicht hat, während die Schilddrüse der Feldwebel oder gar nur der Obergefreite ist, der immer bereit ist, bei jeder Bewegung, jeder Tätigkeit behilflich zu sein.

Die Nebenschilddrüse ist nun eine zusätzliche Verstärkung einer organisatorischen Tätigkeit, aber sie wird oft nicht so deutlich gesehen wie die Schilddrüse. Die Funktion der Schilddrüse auf der physischen Ebene ist, zumindest teilweise, recht gut bekannt. Wir können aber hier schon sagen, daß das endokrine System sehr viel bedeutender, seine Nutzbarkeit sehr viel kosmischer ist, als die Menschheit bis jetzt weiß. Nehmen wir einmal an, daß deine Schilddrüsen operativ entfernt worden sind. Du wirst merken, daß der Integrationsprozeß innerhalb des endokrinen Systems mehr in die Ferne rückt, weniger verstehbar wird. Oft scheint er zunächst leichter zu sein, weil die Schilddrüse „krank" war. Doch hinterläßt ihre Entfernung eine Lücke, die schwer zu füllen ist. Die Nebenschilddrüse ist weniger geeignet, als Direktor oder Organisator des Systems zu fungieren, obwohl sie ihrer Natur nach der Schilddrüse gleicht im Sinne einer Gesamtfunktion, die auch sie hat. Ich könnte hier sehr viel wissenschaftlicher werden, aber ich bemühe mich ja gerade, das zu vermeiden, damit unsere Wortsymbole so einfach und unkompliziert wie möglich bleiben.

Der wichtigste Teil meiner Erklärungen über diese beiden Drüsen beginnt jetzt. Was geschieht mit ihnen, wenn du zu channeln beginnst? Nun, zunächst einmal wird die Schilddrüse direkt und sofort durch den Channeling-Vorgang beeinflußt. Man könnte sagen, sie wird sozusagen zu einer Drehtür, durch die der Channeling-Vorgang ständig hindurch muß. Die beständige Bewegung der Schilddrüse ist notwendig für das Channeln. Dann ist ein komplizierterer Weg im System nötig, um die spirituelle Verbindung oder deinen Kanal auf die physische Ebene zu bringen. Die Schilddrüse reagiert wie ein Schwingungsbrett, dessen Bewegungen sowohl von ihrer Verbindung mit der Epyphyse/Hypophyse wie auch von der mit dem Spirituellen oder dem Lehrer gesteuert wird. Es ist nötig, die beiden gerade genannten steuernden Brennpunkte zu integrieren, um in einer sinnvollen Weise channeln zu können. Wenn die beiden steuernden Energieströme nicht in Harmonie sind, können die Worte widersprüchlich sein und eine emotionale Verwirrung kann eintreten, Konzepte können zwar gesehen, aber nicht durch den Kanal vermittelt werden. Es kann die Verkehrung der gewünschten Wirkung eintreten, die die Fähigkeit zu channeln zunichte macht. Es kann eine Art Stimulierung der Hellsicht stattfinden, aber diese Hellsicht scheint mit gar nichts verbunden zu sein. Diese Drüse ist ein struktureller Fluß für deinen Kanal. Sein Nutzen ist besonders groß bei verbalem Channeln, aber fast gleich wichtig fürs Heilen und spielt natürlich auch beim

Channeln von Musik, Kunst, Tanz etc. eine vitale Rolle. Physisch gesehen, wird sie durch das Channeln stimuliert und sendet durch ihre Sekrete Botschaften an das endokrine System, das darauf reagiert und seinerseits Botschaften zurücksendet, wodurch die Schilddrüse noch stärker stimuliert wird.

Wir haben in der letzten Lektion über die Stimulierung innerhalb des Systems gesprochen. Jetzt wollen wir uns über die Energien eines bestimmten Lehrers unterhalten. Bis jetzt habe ich mich selbst als Beipsiel im Channeling-Vorgang gewählt. In diesem Fall möchte ich aber lieber den Lehrer Lenduce als Beispiel wählen. Nehmen wir an, daß du Lenduce ziemlich regelmäßig channelst. Seine Energien sind so fein auf der Mit-Schöpfer-Stufe, daß sich Hypophyse, Schilddrüse, Nebenschilddrüse und Thymusdrüsen bemühen müssen, genügend von dieser Energie zu sammeln, um sie in deinem Kanal zu bündeln. Der Energiestrom muß physisch erfaßt werden. Du mußt deine Hände öffnen, damit wir uns auf diese Drüsen einstellen können. Sie müssen sich genügend öffnen, um die Energie erfassen zu können. Zunächst nimmt die Hypophyse — aber das gilt auch für die Epyphyse — die Energie auf. Das spielt sich natürlich auf der physischen Ebene ab. Dann folgen die Schilddrüse und Nebenschilddrüse und dann die Thymusdrüse. Gewiß gibt es auch eine Entwicklung, die darüber hinausgeht, aber am Anfang ist das der Vorgang, wie man physisch die Energie des Lehrers erfaßt. Du kannst die Stimulierung vielleicht irgendwo im System fühlen. Es ist so, als ob du irgend etwas mit der Hand ergreifst und dann eine Verbindung mit dem Gegenstand in deinem Ellenbogen und deinem Oberarm spürst. Was du mit deiner Hand ergreifst, wird von den anderen Teilen des Körpers ergriffen oder gefühlt. So wird der Energiestrom, der Lenduce ist, zuerst von dem endokrinen System erfaßt, und deshalb wollte ich das auch zunächst von der physischen Ebene her besprechen. Weil dies die physischen Entsprechungen für die Energiezentren sind, kannst du sehen, daß man durch Channeln einen Zugang zu einem spirituellen Konzept oder einer Betrachtungsweise findet, die die Energie des Lehrers verkörpert. In einer ganz direkten und erleuchtenden Weise bringt Channeling eine feinere Energie in den Körper. Wir nennen sie hier Lenduce, die physisch durch das endokrine System aufgenommen wird, damit sie an der physischen Struktur teilhat (oder vielmehr an der Erschaffung jenes Universums, das wir eine „physische Struktur" zu nennen belieben).

Eine Zeitlang mag es schwierig erscheinen, eine so feine Energie wie Lenduce aufzunehmen. Ich will dir ein Beispiel geben: Wenn du einen Klumpen Lehm aufhebst, hält er gut zusammen, und du kannst ihn festhalten. Wenn du aber versuchst, auf dieselbe Weise sehr feinen Sand zu halten, funktioniert das nicht so gut, oder der meiste Sand rinnt dir durch die Finger. Du mußt einen Weg finden, diesen Sand so zu berühren, daß er zusammenhält und nicht auseinanderfällt. Wenn du also lernst, die Mit-Schöpfer-Ebene, die Lenduce darstellt, zu channeln, lernst du gleichzeitig, spirituelle Konzepte aufzunehmen oder festzuhalten. Deine Schilddrüse ist das spezifische Organ innerhalb des Drüsensystems, das ziemlich leicht als Hilfsmittel eingesetzt werden kann, um diese Mit-Schöpfer-Stufe zu erreichen. Ist das nicht eine interessante Behauptung? Nun ja, das bedeutet, daß eine Zeitlang eine starke Stimulierung dieser Drüse und viel Kommunikation im gesamten System stattfindet. Es ist sogar so, daß ein traditioneller Heiler, der einen Channel, der gerade Lenduce zu channeln beginnt, untersucht, eine Art Disharmonie im endokrinen Drüsensystem feststellen könnte. Das ist aber nicht wahr. Wahr ist, daß eine große Veränderung stattgefunden hat, wenn man sich entschieden hat, eine Verbindung zur Mit-Schöpfer-Stufe herzustellen. Und natürlich hat so eine Entscheidung eine physische Auswirkung. Die Wirkung besteht in der Stimulierung der Schilddrüse, der Nebenschilddrüse, der Epyphyse/Hypophyse-Drüsen und der Thymusdrüse.

Es geht also im Augenblick um die Schilddrüse. Sie kann ein wenig größer scheinen, nicht in allen Fällen, aber häufig. Ein wenig vergrößert, ein wenig geschwollen. Sie ist sozusagen schwanger, das heißt, sie ist dabei, einen Verdoppelungsprozeß in sich auszutragen, der in dem Augenblick freigesetzt wird, in dem sie ihn aus sich herausläßt, um im endokrinen System seine Funktion zu übernehmen. Noch einmal: Wenn ein traditioneller Heiler, der jetzt auf der Erde wirkt, dieses Geschehen einschätzen sollte, würde es ihm disharmonisch erscheinen. Aber es ist ein Anzeichen für die ansteigende Kreativität, die Auslöserimpulse aussendet, um die Channeling-Verbindung noch zu verstärken und sie kosmisch auszuweiten, anders gesagt, um mehr von der Energie des Lehrers Lenduce aufnehmen zu können.

Ich will euch noch etwas sagen, was ich für wichtig halte. Wenn ihr auf der Mit-Schöpfer-Stufe zu channeln beginnt, nicht als Spiegelung oder Illusion, sondern in der tatsächlichen Schwingung dieser Stufe, werdet ihr im physischen Bereich sehr viele Veränderungen erfahren. Der Grund dafür ist, daß diese Mit-Schöpfer-Stufe dein Ziel ist und dein physischer Körper vermag das besser zu verstehen als dein Gefühl oder Verstand. Das Physische und das Spirituelle verstehen es, sobald es sich zeigt. Das Physische sieht zuerst, daß das Ziel direkt vor ihm liegt, und beginnt nun, das Rüstzeug zu erschaffen, um es erreichen oder diese Stufe umfassend nützen zu können. Ja, ich rede hier von einem noch bescheidenen Anfang. Aber mit einem solchen Anfang, der ein wichtiges Merkmal ist, stimulierst du das Potential, das du erstrebst. Nun willst du vielleicht wissen, warum ich dir das erzähle. Es gibt dafür natürlich eine Menge Gründe. Aber einige von euch meinen, daß irgendetwas mit ihnen nicht stimmt, wenn das Herz-Chakra oder die Schilddrüse so aufgewühlt sind. Aber das muß ja gar nicht sein. Das kann auch ein Anzeichen dafür sein, daß du dich zu öffnen beginnst und deine Fähigkeiten als Channel erweiterst und daß dir die physischen Indikatoren eben das anzeigen. Natürlich weist nicht jede Halsentzündung auf eine Ausdehnung deines Kanals hin. Du mußt dir keine Illusionen über deine Fähigkeiten zu channeln machen oder uns zumindest durch einen Channel, dem du vertraust, fragen, was mit dir passiert. Wenn es der oben beschriebene Prozeß ist, so weist die Halsentzündung auf eine Entwicklung im physischen Bereich hin. Das muß nicht weh tun. Die Entzündung hat hier mehr den Charakter einer allgemeinen Störung als die Art von Entzündung, die Krankheit anzeigt.

Wir können jetzt also erkennen, daß es physische Anzeichen in deinem Körper gibt, die dir zeigen, wie es mit deinem Channeln steht. Wir kennen bereits die emotionalen Zeichen, aber das endokrine System ist etwas Spezifisches und reagiert außerordentlich sensitiv auf den Channeling-Vorgang. Es liegt sozusagen im Grenzbereich des Channelns. Kehren wir nun zu unserem Beispiel mit Lenduce zurück. Wenn seine Energie immer umfassender aufgenommen wird, so stimuliert sie die kreative Natur des endokrinen Systems und damit das Selbst. Es gibt eine Zeitlang eine Tendenz zur Schlaflosigkeit oder zu zuviel Schlaf, eine Unausgeglichenheit im Schlafzentrum selbst. Dafür gibt es vielfältige Gründe. Zunächst kann der Emotionalkörper aus der Balance geraten sein, und Ängste können den mangelnden Schlaf verursachen. Aber vielleicht findet auch das statt, worüber wir schon gesprochen haben, nämlich der Beginn einer Absonderung des Hypophysen-,

Epyphysen-, Schilddrüsen-, Nebenschilddrüsen-, Thymus-drüsengangs als spezifischem Regler des Schlafzustands. Du nimmst natürlich wahr, daß der physische Körper auf dein Bedürfnis nach Schlaf reagiert, aber wer bestimmt, wieviel Schlaf du brauchst? Du hast von Biorhythmen gehört, Gewohnheitsmustern in deiner physischen Struktur. Sie dienen auch dazu, dein Leben in Perioden von physischer Ruhe und Entspannung einzuteilen. Die Bedürfnisse des Körpers regeln das. Aber wenn du einmal die Bedeutung der Mit-Schöpfer-Ebene zu sehen oder erfassen beginnst (bildlich ausgedrückt, wäre das, wie wenn ein paar Körnchen Sand auf deinen Kopf gestreut würden), durchdringt das Verständnis dieser Stufe auch deine Körperform und stimuliert und erweitert sie.

Nun ist das ungefähr so, als wollte man ein ganzes großes Schiff mit zweitausend Menschen in die Größe einer Erbse einpassen. Wie in aller Welt kann das gehen? Nun, man kann die Erbse und das Schiff in ihre grundlegenden Elemente zerlegen, und dann passen sie gut zusammen. Genau das tut das endokrine System. Es reduziert auf die fundamentale oder elementare Stufe und ermöglicht so den Austausch dessen, was zu klein und was zu groß schien.

Physisch gesehen kann alles zutagetreten. Die Grundlage für Verständnis jedoch ist das, was sich ohne elaborierte Strukturen zeigt, die nicht nur unnötig, sondern auch nicht wünschenswert sind. So werden bestimmte Denkformen auf grundlegende Aspekte des Bewußtseins oder Vorstellungen zurückgeführt, damit sie in die physische Form passen, die mit Absicht „klein" gestaltet ist, so daß diese entkleidete Form eine Art Essenz bildet, die dann assimiliert werden kann. Mir erscheint das ein ideales System zu sein. Ich spreche hier in Konzepten, aber ich will damit in Wahrheit sagen, daß die Mit-Schöpfer-Stufe sehr gut in die physische Form hineinpaßt, wenn ihre Essenz mit der

Essenz der physischen Stufe dadurch vereinbar geworden ist, daß alles Überflüssige weggenommen wurde.

So ist die Schilddrüse eine Art Entkleider. Auch die Nebenschilddrüse nimmt weg, was nicht gebraucht wird. Manchmal, wenn man eine Energie wie die von Lenduce zu erfassen versucht, überschreitet die Reduktion das Erfassen. Das ist das, was wir physisch gesehen einen Umkehrungseffekt nennen. In einem solchen Fall muß man die einzelnen Schritte ein wenig zurückverfolgen. Das heißt, man muß von einer fundamentalen Voraussetzung ausgehen und immer ein wenig dazutun, bis man umfassend oder vollständig genug versteht, um den Austausch mit der gewünschten Mit-Schöpfer-Ebene zu erreichen. Wenn du etwas auf seine Essenz zurückführst und dennoch nicht diese kommunikative Verbindung zu der Mit-Schöpfer-Stufe erreichst, dann mußt du mit deiner Kreativität, deiner Lebenskraft, das Gerüst neu aufbauen, indem du es diesmal vielleicht in anderer Weise vereinfachst (entkleidest, reduzierst), bis der Kontakt hergestellt ist. Anders gesagt: Wenn du tanzen gehst und dein Äußeres erscheint dir nicht attraktiv genug, dann wirst du vielleicht ein wenig ab- oder zunehmen, dir ein neues Kleid oder einen neuen Anzug kaufen, eine neue Art zu tanzen lernen oder eine neue Einstellung zeigen.

Du wirst so lange etwas Neues ausprobieren, bis du eine attraktive Ausstrahlung hast, und wenn du deinen Köder ausgeworfen und die Beziehung hergestellt hast, dann kannst du dich den Grundlagen der Kommunikation zuwenden. Ich mache mich hier nicht zum Anwalt von Verführungen auf Parties etc. Das ist nur ein Beispiel dafür, wie wir zunächst einen Aufhänger für die Kommunikation finden müssen, und wenn das nicht funktioniert, so lange Komponenten hinzufügen müssen, bis es gelingt. Wenn dann die Verbindung hergestellt ist, kann sie auf eine fundamentale Ebene gebracht werden.

Physisch gesehen findet ein Prozeß des Aufbaus, der Zunahme und Stimulierung jeder Drüse von ziemlich kosmischem Ausmaß statt. Dies wiederum ruft Reize hervor, die ihrerseits eine Destillierung oder Konzentrierung erzeugen, bis das System feingestimmt ist. Dann kommt eine neue Stufe der Stimulierung oder Reizung. Man könnte sagen, die Drüsen haben die Funktion eines Tänzers und die Anziehung erfolgt durch Reizung und Verlangen.

Zum Schluß will ich noch bemerken, daß das Channeln der Mit-Schöpfer-Stufe deine Entwicklung Schritt für Schritt stimulieren wird. Zunächst wird sie dich zum Austausch mit ihr verführen, dann diese auf ihre reine Essenz reduzieren, damit du verstehst, was es ist. Und ist diese Stufe verstanden, beginnt die nächste mit ihrer Anziehungskraft. Denk daran, wir sprechen hier nicht nur psychologisch, sondern auch physisch. Jedenfalls ist die Teilnahme des Drüsensystems am Channeling-Vorgang und an deinem Entwicklungsprozeß sehr aktiv.

Wirkungen des Channelns auf der Mit-Schöpfer-Stufe

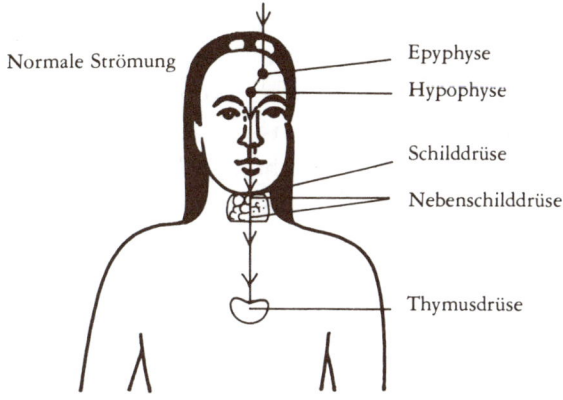

Normale Strömung

Epyphyse

Hypophyse

Schilddrüse

Nebenschilddrüse

Thymusdrüse

Energiefluß, der der Erreichung der Mit-Schöpfer-Stufe dient

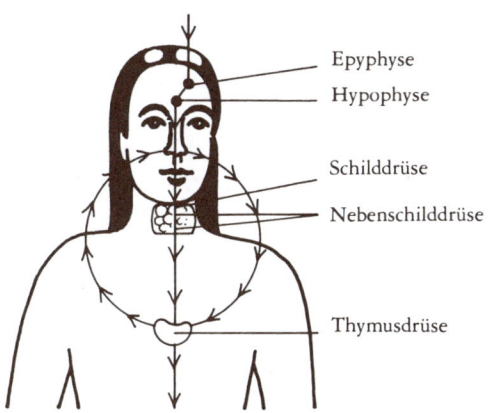

Epyphyse

Hypophyse

Schilddrüse

Nebenschilddrüse

Thymusdrüse

Beim Channeln der Mit-Schöpfer-Stufe gibt es eine Drei-Weg-Strömung. Zusätzlich zu der normalen Strömung von der Epyphyse zur Hypophyse zur Schilddrüse, Nebenschilddrüse und zur Thymusdrüse gibt es auch einen direkten Energiestrom von der Epyphyse zur Thymusdrüse und von der Hypophyse zur Thymusdrüse. Dieser erlaubt eine bessere Aufnahme der sehr feinen Strömung auf der Stufe des Mit-Schöpfers.

87

MEDITATION

Um dich herum ist Licht. Du bist umgeben von schillern-
dem Licht, das in sich alle Farben des Regenbogens enthält.
Überall im Licht leuchten Farbflecken.

Du fühlst dich wie in einem Schwimmbecken voll Licht.
Das Licht ist überall und umgibt dich. Von dort, wo du sitzt,
führt eine Achse hoch durch das Zentrum des Lichts zu dem,
was wir den kreativen Kern nennen wollen, eine spezifische
Verbindung zur Quelle. Sie hat keine bestimmte Richtung,
sondern befindet sich im Zentrum des Lichts. Du bist nun
hier im Licht zentriert. Die besondere Achse, auf die du dich
jetzt beziehst, oder sagen wir, die du jetzt erschaffst, ist deine
Fähigkeit, dich im Licht zu zentrieren oder in Harmonie zu
bringen. Gebrauche die Achse nun folgendermaßen. Sieh,
wie sich eine Spirale um die Achse bildet, sagen wir, sie
beginnt an deinen Füßen und windet sich um dich und die
Achse. Sie bewegt sich beständig nach oben, bis du erkennst,
daß sie ewig ist. Eine ständige spiralförmige Bewegung, in
der du zentriert bist und die Achse auf diese Balance oder
Zentrierung verweist.

Ich möchte, daß du diese Übung zwei Wochen lang
machst. Betrachte jedes Mal die Achse. Sie kann eine verschiedene Farbe, eine verschiedene Struktur haben. Du
kannst sogar Botschaften über diese Achse erfahren. Vielleicht sind sie geschriebene, oder du erkennst einfach intuitiv etwas, wenn du die Achse zu visualisieren beginnst.
Denke daran, daß sie das Hilfsmittel für deine Balance und
Zentrierung in dieser Gesamtperspektive ist. Du kannst
Bezug nehmen auf einen Integrationsprozeß, wenn du dich
auf sie als die Zentrierung deines transformatorischen Prozesses einstimmst.

Lektion 7

In dieser Lektion unterbrechen wir kurz unser Gespräch über das endokrine Drüsensystem und beschäftigen uns mit etwas anderem. Wir werden in der nächsten Lektion wieder zum Thema zurückkehren.

Während dieser Text Anfang Oktober 1987 diktiert wird, hat das Channeln auf der Erde den Punkt kritischer Masse erreicht. Über dieses etwas verfrühte Ereignis war ich so erfreut, daß ich mich entschlossen habe, in dieser Lektion darüber zu sprechen. Ich meine damit, daß es jetzt so viele Channels gibt oder so viele Menschen darüber lesen und lernen, daß Channeling zum ersten Mal auf eurem Planeten zum einzig wichtigen Weg wird, über den Transformation stattfindet. Gewiß gibt es immer noch Millionen von Menschen, die nichts über Channeling gehört haben, aber es sind auch Millionen, die davon gehört haben. Die Leben werden direkt umgewandelt und verändert durch die Fähigkeit, zu channeln oder die Bereitschaft, aus dem zu lernen, was übertragen wird. Mir erscheint das außerordentlich wichtig und nahe daran, ein Abkürzungssystem für den Transformationsprozeß zu sein, das damit auf der Erde verfügbar wird.

Channeling erzeugt eine neue Sicht, die manchmal zur Lösung eines Problems führt, manchmal auch einfach nur zeigt, daß bestimmte Probleme gelöst werden müssen, und manchmal einen Lebensweg aufzeigt, der mehr Freude beinhaltet, fröhlicher und leichter ist. Es ist dann wie ein Beispiel, das die Menschheit auf ihr Leben übertragen kann. Wenn du lange genug so tust, als ob du tanzen könntest, wirst du eines Tages auch den kosmischen Tanz beherrschen, mein Freund! Channeling kann in dir das hervorbringen, was du noch nicht verstehst, aber vielleicht irgendwann verstehen wirst, wenn du es immer wieder channelst.

Was das bedeutet, und warum ich die Lektionen über die physische Struktur unterbreche, um darüber zu sprechen, gehört auch zum Anliegen dieser Unterrichtsserie, die die Wirkungen des Channelns von einem physischen Gesichtspunkt aus verstehen helfen will. Ich werde hier allerdings mehr über die Erde selbst und nicht so sehr über eine individuelle physische Struktur oder einen Körper sprechen. Der Prozeß des Channelns zeigt sich nun, im Oktober 1987, in einem klareren Licht als je zuvor. Die wesentlichen Themen werden klar, der innerste Kern zeigt sich. Es ist gesagt worden: „Die Wahrheit wird euch frei machen." Ich stimme dem zu, möchte den Satz aber ein wenig verdeutlichen, indem ich sage, daß das Enthüllen des Innersten euch erhellen oder klären wird. Weil nun dieser kritische Punkt im Prozeß des Channelns auf eurer Erde erreicht ist, wird es eine noch größere Zahl von spirituellen Lehrern geben, die sich für die Arbeit mit Channels zur Verfügung stellen. Meine Botschaft an euch ist, daß ihr im Bewußtsein dieser Tatsache zu neuen Möglichkeiten des Channelns gelangen könnt, wie ihr sie noch nicht gekannt habt. Die Gelegenheit, als Channel zu arbeiten, erhöht und beschleunigt sich. Wenn du wirklich eine Laufbahn als Channel einschlagen willst, ist das Wichtigste, was du tun mußt, zu klären, wie die Bedingungen dafür auf der physischen Ebene sind und wie du in dem Prozeß unterstützt werden kannst. Bestimmt denken viele von euch täglich darüber nach, wie sie das tun können. Aber ich denke, daß ich euch heute eine Technik oder Hilfe anbieten kann, und das will ich euch nun mitteilen.

Nun zur Erde — ich nenne sie oft Mutter Erde, weil sie mir so weiblich, so empfänglich erscheint —, diese Erde ist bereit, euch bei der Klärung der physischen Ebene zu helfen.

Dazu mußt du dir zunächst klar machen, wo du geographisch lebst. So, wie ich dies in Youngtown, Arizona, diktiere, so befindest auch du dich an einem bestimmten physischen Ort, während du diese Botschaft empfängst. Diese Gegend wollen wir die rezeptive Gegend nennen. Wenn du nun in eine andere Gegend ziehst oder sie besuchst, würde diese Gegend die rezeptive Gegend werden. Sieh deinen Ort also physisch als den rezeptiven Ort an. Fühle oder mach dir klar, daß die spirituelle Ebene das dynamische Gebiet ist, nämlich der Ort, mit dem du deinen Kanal verbindest oder wo dein Bewußtsein hingeht, um spirituelle Möglichkeiten zu erkennen. Das ist der dynamische Ort. Nun lade ich dich zu folgender Übung ein.

Bitte die Mutter Erde, eine Verbindung für dich an dem Ort, wo du bist, herzustellen und besonders rezeptiv im physischen Gebrauch deines Kanals zu sein. Sie möge genau da, wo du dich befindest, besonders rezeptiv sein, und damit das möglich ist, sieh dich genau an deinem Ort stehen, in deiner Wohnung, wenn du willst, oder wo immer du bist. Du bist von all deinen Freunden und Nachbarn, ihren Häusern, umgeben, von all den Menschen, den Hunden, Katzen, Tieren, Pflanzen, dem Reich der Mineralien, alles, was im physischen Bereich existiert, umgibt dich. Bitte die Mutter Erde, für diesen Ort und die Channeling-Verbindung besonders rezeptiv zu sein. Ich würde dir vorschlagen, nicht um etwas Persönliches zu bitten, sondern einfach nur um die Aufnahme deines Channelns an diesem bestimmten Ort. Wenn du willst, kannst du auch darum bitten, als Person aufgenommen zu werden, damit bin ich einverstanden.

Es ist unwichtig, ob du bereits channelst oder erst beginnst, das Channeln zu verstehen. Du kannst diese Technik in jedem Fall anwenden, um dich auf spirituelle Möglichkeiten über den formalen Channelingprozeß hinaus einzustimmen oder dir ihrer bewußt zu werden. So kannst du an diesem Punkt entweder die übliche Channel-Verbindung herstellen, oder wenn du noch nicht aktiv channelst, dir eine spirituelle Verbindung vorstellen, ein Gefühl, eine Farbe, eine Empfindung Göttlicher Kraft, irgend etwas, das dir sagt: Ich weiß, daß es etwas gibt, das größer ist als ich. Verbinde dich mit dieser Vorstellung und sieh, wie sie die Form eines Pfeiles annimmt. Diese spirituelle Ahnung wird zu einem Pfeil, aber nicht als bedrohliches Geschoß. Er kommt von der Quelle, und die Erde öffnet sich ihm und empfängt ihn an deinem geographischen Ort. Wenn der Pfeil die Erde erreicht, nimmt sie ihn liebevoll auf, umschließt ihn und ermöglicht von diesem Kontaktpunkt aus, daß der Channeling-Vorgang angenommen wird und sich ausbreiten kann. Betrachte den Pfeil, wie er zur Erde schießt und die Akzeptanz dem Channeln gegenüber in deiner geographischen Gegend ausbreitet. Der Kontaktpunkt dehnt sich von deinem Ort über die ganze Erde aus, so wie ein Kieselstein nach dem Wurf ins Wasser wellenförmige Kreise zieht, die sich ausdehnen. Kannst du verstehen, welche Kraft von deinem geographischen Ort ausgehen würde, wenn alle um dich herum dasselbe täten? Ich will noch hinzufügen, daß du auch, wenn du einen Freund besuchst, dieselbe Übung an seinem Ort machen kannst. Bitte deinen Körper, dir zu sagen, von wo dieser Ausbreitungseffekt ausgehen könnte. Ich sage das deshalb, weil dein Körper sehr machtvolle Schwingungen erzeugen kann, die wir beim Channeln ja auch benutzen. Er besitzt große Kräfte und ist fähig, sich mit weit höheren Frequenzen zu verbinden, als ihr bis jetzt wißt. Ich sage nicht, daß du den Pfeil durch deinen physischen Körper dringen lassen sollst. Aber du kannst ihn als Magnet benutzen, der den Pfeil in die Gegend lenkt, in der du dich befindest. Dieser Vorgang kann die Rezeptivität der Erde in einer sehr inspirierenden Weise bis in ihr Innerstes öffnen. Ich weiß wirklich, daß das möglich ist. Ich will euch ermutigen, es auch zu versuchen. Ich schlage vor, daß du die Übung mindestens dreimal in deiner Gegend wiederholst. Ich würde sagen, daß die Wirkung mindestens 80 km in jede Richtung reichen wird. Du brauchst es also in einem Umkreis von 80 km nicht zu wiederholen, es sei denn, du machst es einfach aus Spaß, weil es dich freut. Aber achte nun darauf, wie oft du deinen physischen Körper als Magnet benutzen kannst, und hilf mit, daß ein spirituelles Konzept von großer Klarheit aus der spirituellen Ebene gesendet und auf der physischen Ebene klar und bereitwillig empfangen werden kann. Ich danke dir für deine Mithilfe.

Diese Lektion beschäftigt sich mit Wegen, wie der Erde entweder durch Channeln oder einfach nur durch einen Einstimmungsprozeß geholfen werden kann. Der Oktober 1987 ist eine Zeit, in der die astrale Welt der physischen sehr nahekommt. Aufgrund der Harmonischen Konvergenz haben viele Veränderungen stattgefunden. Durch die Verbindung der beiden Welten haben sie sich neu geordnet. Halloween (Abend vor Allerheiligen) ist ein Fest für die astralen Welten, an dem sie der physischen Welt näherkommen als zu irgendeiner anderen Zeit des Jahres. Durch eine klarere Perspektive kannst du eine höhere astrale Verbindung herstellen, sagen wir, ein paar Schritte weiter als das, was bis jetzt in der Verbindung der astralen und physischen Ebene möglich war. Ich will damit sagen, daß sich das Bewußtsein eures Planeten weiterentwickelt hat, daß es durch die Harmonische Konvergenz angehoben wurde. Und nun wollen wir dabei behilflich sein, auch die Verbindung von astraler und physischer Welt auf eine höhere Stufe zu heben. Du fragst vielleicht, ob das nicht automatisch eintritt. In einem gewissen Sinne trifft das zu. Aber dennoch ist es hilfreich, eine spezifische Verbindung herzustellen, die nicht hin und herschwankt und verworren ist. Ich empfehlen dir, dich in der Meditation, die ich dir jetzt gebe, auf den 31. Oktober zu beziehen, auch wenn du sie tatsächlich später erhältst.

Konzentriere dich, nachdem du diese Lektion gelesen hast, eine Woche lang auf das Datum 31. Oktober, gleichgültig zu welcher Jahreszeit du das liest. Stell dir eine Uhr vor, die das Datum 31. Oktober zeigt, das Jahr tut wenig zur Sache, außer daß du weißt, daß es seit 1987 einen ständigen Fortschritt gibt. Betrachte also diese Uhr. Stell dir vor, daß sie an der Wand hängt in einem Raum, der die Struktur eines großen Sees hat. Auf diesem See nähert sich ein sehr großes Schiff. Du kannst das Schiff nicht sehr deutlich erkennen. Es gleitet in deine Vision hinein und hinaus, manchmal wird es undeutlich. Manchmal siehst du es, dann wieder nicht. Sagen wir nun, du schaust aus einem Fenster in jenen Raum, die Uhr befindet sich hinter dir, und direkt vor dir schwimmt das Schiff auf dem See auf dich zu. Nun ist es sehr groß, nimm den Eindruck auf und halte ihn fest, so daß das Bild immer klarer wird. Die Größe des Schiffes, die Farben, die Besonderheiten — nimm das alles wahr. Vorn am Schiff sind sieben Seile. Und an dem Ufer direkt vor dir sind sieben Haken, an denen das Schiff befestigt werden wird, auch wenn es jetzt noch einfach so herumtreibt. Es wird nicht locker daran befestigt, vielmehr werden diese Verbindungen sehr fest sein. Wenn also diese sieben Schlingen festgehakt sind, wird das Schiff absolut sicher sein, und es grenzt genau an den Raum an, in dem du stehst. Schau nun zu, wie das Schiff anlegt. Das Schiff bedeutet die astrale Welt und der Raum, in dem du stehst, die physische Welt. Fühle, wie sie zueinander kommen, wenn das Schiff sich deutlich abzeichnet. Es kommt am Ufer des Sees an, der See ist tief genug, so daß es direkt bis zum Ufer fahren kann. Sieh ganz genau, wie es anlegt, sieh es deutlich, das Seil, das eine Schlinge bildet, und den Haken, der sie aufnimmt, sieben

Schlingen zum Anhaken, spezifisch und sicher in ihrer Funktion.

Nun fragst du dich vielleicht, was das alles soll, warum die astrale und die physische Welt miteinander verbinden? Nun, meine Freunde, ein Teil eurer Probleme und Schwierigkeiten, die ihr in eurer physischen Welt habt, kommt daher, daß ihr noch kein klares Verständnis über das Wesen der astralen Welt besitzt. Viele von euch haben die niedere astrale Welt kennengelernt, vielleicht auch die mittlere. Einige haben auch die obere astrale Welt erkundet, aber ihr habt nicht gefühlt, was die allgemeine astrale Ebene in Wirklichkeit bedeutet. Ihre Wirkung ist jedesmal um den 31. Oktober herum zu spüren, etwa während einer Phase von zehn Tagen, einige Tage vor und einige Tage nach dem 31. Oktober. Die Sache, worum es geht, ist aber, daß diese etwas verworrene Verbindung zur astralen Welt ein Mißverständnis, eine Unklarheit bezüglich des Angleichungsprozesses in eurer physischen Welt hervorgerufen hat. Wir könnten das mit der Beziehung zwischen eurem physischen und eurem emotionalen Körper vergleichen. Viele von euch können diese Beziehung nicht einschätzen oder sie nützen. Diese spezifische Verbindung zwischen eurem physischen und emotionalen Körper oder von der Erde zur Astralebene ist ein wesentlicher Teil des Channeling-Vorgangs. Sie hat mit dem Verständnis zu tun, wie sich die Stufen des Bewußtseins in dir und in der Erde ordnen müssen, damit ein klarer Empfang möglich wird.

In der heutigen Zeit nimmt euer Massenbewußtsein häufig Bezug auf Hexen, Vampire etc., die der niederen astralen Welt angehören. Diese sind jedoch außerordentlich selten, wenn auch eine Manifestation, die in Erscheinung getreten ist. Sie sind buchstäblich die Verkehrung des kreativen Prozesses. Was der gegenwärtigen Verbindung mit der astralen Welt aber noch nicht zugänglich ist, sind

95

ihre höheren Kräfte. Viele von euch haben sie noch nicht erfahren oder verstanden. Euer Massenbewußtsein hat sehr wenig Kenntnis von dieser höheren astralen Sicht. Ich schlage diese Übung für den Channeling-Prozeß vor, weil die höhere Astralebene der Ort ist, wo die Aufnahme spiritueller Konzepte besonders gut möglich ist. Wißt ihr, daß sich die spirituellen Lehrer der oberen Astralebene ausgiebig bedienen, um euch zu unterrichten? Das macht die rezeptive Natur dieser Schwingung möglich. So ist es also nur logisch und angemessen, in einer Zeit des Jahres, in der sich der astrale Bereich dem physischen nähert, diese Begegnung zu suchen und ein klares Verständnis davon zu gewinnen, was durch eine solche Verbindung möglich ist.

Ich schlage eine weitere Übung vor, damit ihr durch Erfahrung erkennt, was ich meine. Wenn das Schiff nun befestigt ist, schaut es euch gut an. Sieht es nicht wunderschön aus, es hat gar nichts „Furchterregendes" an sich. Da ist nichts von euren Vorstellungen des Massenbewußtseins über Halloween. Geh auf das Schiff, schau dich um, diese höhere astrale Verbindung enthält sehr viele Klassenräume. Das ist seine Funktion, seine Struktur, der Klassenraum, den die Lehrer benutzen. Wir vom spirituellen Bereich haben euch einen Klassenraum eingerichtet. Er bedeutet den oberen Astralbereich, einen Bereich des Sich-Einstimmens, indem der Lernprozeß besonders einheitsstiftend ist. Ich rate dir nun, das Schiff in allen Einzelheiten zu erkunden. Du wirst dort einige Freunde finden, einige von uns und vielleicht auch einen Teil deines eigenen Potentials. Du kannst jede Tür öffnen, schauen, ob gerade Unterricht in der Klasse ist, und daran teilnehmen. Manchmal tust du das nachts, ohne es zu wissen. Hattest du beim Aufwachen schon einmal das Gefühl, daß du in der Schule warst? Einige von euch vielleicht ja. Dort, im höheren Astralbereich des Bewußtseins, geschieht es. Während du auf dem Schiff herumschlenderst, kannst du dir kurz notieren, was dich bei der Besichtigung bereichert hat: die Schönheit und Kraft der Einsicht und Wahrnehmung. Diese Kräfte stehen dir durch die Verbindung mit dem höheren Astralbereich zur Verfügung. Es ist nun an der Zeit, meine Freunde, euch von Vorstellungen zu befreien, die sagen, daß die astrale Welt ein Ort des Schreckens und der Besessenheit sei. Auf einer Skala von eins bis hundert nimmt der untere Astralbereich nur 2 Prozent, der mittlere 50 Prozent und der herrliche, rezeptive obere 40 Prozent ein. Es ist also wirklich nicht länger nötig, daß sich eure Erde auf die 2 Prozent eines Bereiches konzentriert, der es ihr schlecht lohnt, statt ihre Erkenntnis auf die Schönheit des Potentials zu richten, das den größeren Teil ausmacht.

Meiner Meinung nach leistest du jedesmal, wenn du das Schiff erforschst und eine neue Kraft durch die Verbindung mit dem Astralreich mitbringst, einen wichtigen Beitrag zum Channeln oder zur besseren Einsicht der Menschheit in die gesamte Existenz. Wenn es dir Freude macht, diese Verbindung zu channeln, möchte ich dich dazu ermutigen.

Diese Unterrichtsserie, die, wie ich mir vorstelle, fünfzig, wenn nicht mehr Lektionen enthalten wird, werde ich von Zeit zu Zeit unterbrechen, um auf bestimmte Zeitereignisse hinzuweisen, die während der Niederschrift stattfinden, da ich denke, daß einige von euch erst später mit der Lektüre beginnen werden. Was bis dann schon Geschichte geworden ist, kann euch einen Einblick über den Zeitpunkt eines Neubeginns von etwas geben, das euch heute als selbstverständlich auf der Erde erscheint. Historiker sind immer von Anfängen fasziniert, weil sie daraus die Geschichte der Erde abzuleiten versuchen.

Wenn wir uns also die physische Ebene anschauen, erscheinen da bestimmte „Fenster". Fenster dienen dazu, mehr Licht hereinzulassen. Das heißt in diesem Zusammenhang, daß sie Gelegenheiten darstellen, die Entwicklung der Erde direkt zu beeinflussen, wenn es scheint, daß das nicht möglich sei. Obwohl also das Massenbewußtsein noch immer bestimmte Vorstellungen über das Channeln hat, nämlich die Angst, kontrolliert zu werden und in Abhängigkeit zu geraten, werden wir beständig neue Fenster öffnen, um Gelegenheiten zum nötigen Verständnis des gesamten Prozesses zu schaffen. Wenn im Oktober die Verbindung mit der Astralebene besonders eng ist, kommen häufig Fälle von Besessenheit vor. Der Trennschleier zwischen den Welten ist dünner, so daß astrale Welten leichter hindurch können. Bedenkt aber, daß sich eure Welt seit der Harmonischen Konvergenz verändert hat und ihr Bewußtsein gewachsen ist, und vergeßt nicht, daß nur eine ganz kleine Zahl von Wesen andere besetzen will. Es sind wirklich nur sehr wenige. Fast alle von uns wünschen und schätzen eine Verbindung mit euch als Channel auf der Basis von Gleichheit in der Mitteilung wie in der gegenseitigen Anerkennung. Wir wollen euch kennenlernen, euch lieben und die gemeinsame Beziehung pflegen und werthalten. Das Tor zum astralen Bereich der Besessenheiten ist durch die Harmonische Konvergenz zu drei Vierteln geschlossen. Es gibt nur noch eine ganz geringe Chance, daß sich eine solche Besessenheit ereignet. Die Möglichkeit, vom Blitz getroffen oder in der Badewanne von einem Raumschiff überfahren zu werden, ist viel größer.

Die Verbindung mit der Astralwelt zeigt eine Tendenz nach oben. Das Ergebnis davon ist eine wunderbare neue Wertschätzung dieser höheren Astralwelt und der neuen Möglichkeiten, die sich dort bieten. Vielleicht werden wir uns im Verlauf der Lektionen noch eingehender mit diesen Fragen beschäftigen, obwohl sie nicht eigentlich Teil des Programms sind. Wenn ihr interessiert seid, darüber mehr zu erfahren, könnt ihr mir nach Youngtown schreiben, zu

98

Händen von Janet McClure. Ihr könnt schreiben, daß ihr mehr über die Möglichkeiten der höheren Astralwelt wissen wollt. In dieser Serie kann ich keine individuellen Fragen beantworten, aber ich möchte doch immerhin auf die Themenbereiche eingehen, die wir im Verlauf unserer Lektionen berühren werden. Wenn genügend Fragen kommen, werde ich darauf eingehen, wenn nicht, werde ich fortfahren, über die Themen zu sprechen, die mir zu dieser Zeit besonders angemessen scheinen.

In jeder langen Unterrichtsreihe und gedanklichen Verbindung wird eine Prämisse aufgestellt und nach und nach ausgeführt. Ich verspreche euch, daß das auch für diese Serie gilt. Wir beginnen mit einer bestimmten Fragestellung, aber wir werden beständig auf eure Bedürfnisse, Fragen und auf die Reaktionen und Entwicklung der Erde einzugehen versuchen, Fragen beantworten, klären, integrieren, alte Vorurteile über das Channeln auflösen. Wir Channels wollen gemeinsam aufstehen (ich, Vywamus, betrachte mich auch als einen solchen) und dem Universum mitteilen, daß wir stolz sind, Channels zu sein. Das wollen wir tun, und wir laden auch dich ein, dich an diesem universellen Plan zu beteiligen, weil er höhere Stufen der Erkenntnis als je zuvor ermöglicht.

Weil wir die Folge ein wenig geändert haben, bleibt mir Zeit und Raum, um euch einige Gedanken vorzustellen, die ein wenig vermischt sind und nicht so recht in den Aufbau einer Lektion passen. Wir fahren also fort:

Im Verlauf des Channelns erreichst du in einer bestimmten Art des Channelns einen hohen Grad an Fertigkeit. Vielleicht fühlst du dich in der Zusammenarbeit mit zwei oder drei Lehrern zu einem bestimmten Zweck besonders wohl. Aber vielleicht bekommst du über deinen Kanal Hinweise, daß ein neuer Lehrer gegenwärtig ist oder dich aufsuchen will und du gebeten wirst, daß dieser Lehrer dich als Channel benutzen darf. Vielleicht findest du das aufregend, aber es kann vorkommen, daß dir ein Energiemuster begegnet, das du nur schwer aufnehmen kannst. Warum ist das so? Nun, sehr oft hat das überhaupt nichts mit dem besonderen Lehrer zu tun, der sich über deinen Kanal vermitteln will. Aber vielleicht ähneln die Energieschwingungen jenes Lehrers jemandem, den du auf der physischen Ebene kanntest und zu dem die Beziehung nicht klar war. Vielleicht spürst du eine Ähnlichkeit der Schwingung mit jemandem, der versucht hat, dich zu beherrschen, mit jemandem, der dich in schlechter Weise benutzen wollte, mit jemandem, der dich zunächst geliebt und dann verlassen hat, mit jemandem, an den du nicht herankamst, mit dem du nicht kommunizieren konntest. Mit andern Worten, vielleicht gibt es eine ganze Myriade von Gründen, aber dir scheint es einfach so, als ob der Kontakt und die Aufnahme dieses Lehrers für dich so schwierig sei. Du kannst aber nicht sagen, warum. Wenn dir das passiert, würde ich eine Klärung in diesem Bereich suchen. Nimm einige Muster heraus, oder gehe vielleicht zu einem anderen Channel, der sie dir deutlicher übermitteln kann. Aber vertraue dich auch den Lehrern an, mit denen du dich wohlfühlst, und bitte sie, die Energie für dich ein wenig zu dämpfen. Anders gesagt, du kannst die Energien der Lehrer miteinander vermischen.

Nun, einige von euch wissen das bereits, aber andere noch nicht. Wenn ich, Vywamus, für dich oft schwierig zu channeln war, ist meine Energie mit Djwhal Khuls oder vielleicht mit Lenduces Energie vermischt worden, um das Unterbewußtsein sozusagen „an der Nase herumzuführen", wie du es nennen kannst, damit es die Energie akzeptiert. Das ist durchaus zulässig. Es ist sogar so, daß die Verbindung der Kräfte beider Lehrer ein breiteres Spektrum des Bewußtseins erzeugen kann, durch das du direkt bis ins schöpferische Innere vordringen kannst. Nun magst du dich fragen, ob das stimmt. Warum verbinden wir uns nicht überhaupt direkt mit der Quelle? Nun, ich habe das schon früher erklärt. Es kommt der Zeitpunkt, wo es immer seltener wird, daß du mehrere Lehrer brauchst, weil du das Ganze dahinter erkennen kannst und deine Vorstellungen revidiert werden. Ich würde hier verallgemeinernd sagen, daß du die Energien von drei oder vielleicht vier Lehrern vermischen kannst, bevor ein Auflösungseffekt eintritt, der die Kraft dieser Gruppenerfahrung zunichte macht. Irgendwann lernt jeder Channel, einen schöpferischen Kern zu berühren, der, obwohl er mit einem bestimmten Lehrer identifiziert wird, doch eigentlich der Einlaß für das Ganze ist. Das ist ein Thema, mit dem ich mich intensiv beschäftigen will, aber das eilt nicht, weil es noch keinen Channel auf der Erde gibt, der dazu in der Lage ist. Wenn du willst, kannst du mir schreiben und mich bitten, darüber zu sprechen. Ich werde mich dann so bald wie möglich in dieser Serie damit beschäftigen.

Wie ich schon gesagt habe, möchte ich auf die Fragen eingehen, die euch speziell beschäftigen. So spiegelt sich eure Verbindung zur Quelle in der Verbindung mit dem Massenbewußtsein. Das eine ist nicht verschieden vom andern. Das eine erscheint als Gegensatz des andern, aber das ist nicht wahr. Das eine ist nur eine Spiegelung des andern, es ist eine wechselseitige Bewegung, keine einseitige, mein Freund. Das bedeutet, daß das Massenbewußtsein den Ursprung spiegelt wie auch umgekehrt. Und das heißt, wenn du in deiner Beziehung zum Massenbewußtsein ein gewisses Maß an Festgefahrensein und negativer Wirkung auflöst, dann sind die Kräfte deiner Verbindung mit dem Massenbewußtsein gleichzeitig auch die Kräfte der Ursprungsstufe, die du suchst. Und man kann zweifelsohne Kräfte channeln, wo immer sie sich finden. Es gibt möglicherweise einige Techniken, die hilfreich sind, damit du deine

Kräfte nicht zerstreust, sondern sie in deinen Channeling-Vorgang integrierst.

Es ist auch nötig, daß du dir klarmachst, daß es Täuschungen gibt. Vielleicht denkst du, daß du eine bestimmte Art von Verbindung mit einem Lehrer hast, wenn du nur eine Spiegelung dieser Verbindung erlebst. Das heißt nicht, daß du dem Kanal und was du über ihn aufnimmst nicht trauen solltest, aber es ist nötig, bezüglich der Channeling-Stufe, auf der man sich befindet, realistisch zu sein und zu erkennen, was sie wirklich beinhaltet.

Ein gutes Beispiel dafür ist das Channeln des Lehrers Lenduce. Diese Energie ist so unermeßlich, daß jeder Channel nur einen Bruchteil davon erfaßt. Einige nun können vielleicht mehrere Bruchteile verbinden und ein ziemlich vollständiges Bild von ihm geben, aber für die meisten von euch ist es nur eine Ahnung von dem, was euch in der Zukunft möglich sein wird. Aber schon diese Ahnung kann natürlich sehr erleuchtend sein und euren Channeling-Prozeß unterstützen. Denkt daran, daß Lenduce jene Mit-Schöpfer-Stufe und das Erwachen eurer Verbindung mit ihr darstellt, wie ich es schon früher beschrieben habe. Eines der wichtigsten Dinge, die du ohne Zweifel als Channel tun kannst, ist es, ein Verständnis von der Mit-Schöpfer-Stufe und deine Verbindung zu ihr zu gewinnen. Zweifellos umgibt sie dich, du bist in ihr, aber man muß aufwachen und ganz bewußt ihre Verfügbarkeit und kommunikative Bereitschaft erkennen, dieses umfassende und verbindende Angebot.

In Liebe, Vywamus

MEDITATION

Vor dir befindet sich eine Tür, darauf steht Astralreich. Du öffnest die Tür und siehst einen Fahrstuhl. Es gibt zehn verschiedene Stockwerke zu erkunden. Das erste ist der niedere Astralbereich; zwei, drei, vier, fünf und Teile von sechs bilden den mittleren; sieben, acht, neun und zehn den höheren Astralbereich. Ich lade euch ein, alle zehn Ebenen zu erforschen — als Fortsetzung dessen, was wir im Hauptteil der Lektion unternommen haben. Eine dieser Stufen hält eine Aufgabe für dich bereit, und das wird eine Übung sein, die du bis zur nächsten Lektion täglich machen sollst. Ich, Vywamus, habe diese Aufgabe genau dort plaziert, wo du aus dem Aufzug aussteigst. Du drückst auf den Knopf zu einem bestimmten Stockwerk, und auf einem von ihnen wartet eine Aufgabe auf dich. Nicht alle Stufen enthalten eine Aufgabe, aber eine doch. Die Aufgabe besteht darin, jene besondere Stufe in ein klareres Verständnis der Erde zu integrieren. Vielleicht ist es nur ein Symbol, das ich dir gebe, um es ins Herz-Chakra zu legen, damit du es für einige Zeit mit dir herumträgst und täglich dieses Symbol durch den Platz in deinem Herzen bestätigen kannst.

Das ist nur eine der Aufgaben, aber es gibt andere. Achte darauf, was du in bezug auf diese Symbole durch deinen Kanal bringen kannst. Denke daran, daß sie spezifische Wege darstellen, um die höheren astralen Kräfte zu dieser Zeit mit den Kräften der Erde zu verbinden.

Lektion 8

Wir haben über das endokrine Drüsensystem gesprochen. Die Thymusdrüse hat ihren Sitz in der Nähe des Herzens und stimuliert dessen Einsicht und Entwicklung. So stellt es sich von einem spirituellen Standpunkt aus dar. In ihrer physischen Funktion regt sie die Entwicklung jenes Körperorgans an, das wir Herz nennen, und zwar bis zum Erwachsenwerden, denn von diesem Zeitpunkt an wird sie passiv. Aber wie wir schon sagten, ist das nicht notwendigerweise so. In Wirklichkeit stellt diese Drüse während des Transformationsprozesses mehr als irgendeine andere eine direkte Verbindung zu der physischen Manifestation des New Age-Körpers dar, den ihr zu verwirklichen sucht. Darüber könnten wir nun ausführlich sprechen, und wir werden das auch noch tun. Aber unser Thema ist das Channeln und wie es die physische Struktur beeinflußt. Deshalb wollen wir uns dem Thema auf diese besondere Weise nähern, um den Nutzen der Thymusdrüse für die Neue Zeit zu erhellen.

Während der Anfangszeit eures Channelns, wenn sich nur gelegentliche Verbindungen ereignen, ist die Thymusdrüse noch nicht besonders betroffen, obwohl ihr Sitz im Körper beim Etablieren des Kanals hilfreich sein kann (vgl. die früheren Ausführungen). In einem allmählichen Prozeß beginnen die Epyphyse und Hypophyse sowie die Schilddrüse und die Nebenschilddrüse die Thymusdrüse mit einer Kombination von Hormonen anzuregen, um sie „aufzuwecken". Zunächst findet eine Art Erweichung der Drüse statt. Sie ist starr geworden, geschrumpft, wirklich nur noch ein Rest von dem, was sie einmal war. Zunächst wird also diese Schale, dieser Rest aufgeweicht und dann ganz allmählich wieder aufgebaut bis zu ihrer vollen Funktionstüchtigkeit. Das geschieht aber nun wirklich sehr langsam und wäre bei einer ärztlichen Untersuchung mehrere Jahre lang kaum feststellbar. Ein anderer Faktor, der ihre Entwicklung von der psychologischen Seite her beeinflußt, wäre ein wachsendes Verständnis der bedingungslosen Liebe. Aber in unserem Zusammenhang ist am wichtigsten, daß die Thymusdrüse etwa ein Jahr nach Beginn des Channelns schon wieder in der Lage ist, einen Teil ihres Potentials auf der physischen Ebene zu nützen. Das Potential ist noch ätherisch, was bedeutet, daß sich die Energie in der physischen Struktur in einem nutzbaren, praktischen, stabilisierenden Sinn reflektiert, noch bevor sie als physische Drüse „wiederauferstanden" ist. Das ist deswegen wichtig, weil der Sitz der Thymusdrüse im Körper einen Identitäts-Brennpunkt für den Channeling-Vorgang bildet.

Schon früher habe ich angemerkt, daß das endokrine System die ankommende Energie ergreift und den Kanal durch diesen Vorgang physisch lokalisiert. Dann bringt die Thymusdrüse, die jetzt hauptsächlich auf der ätherischen Ebene funktioniert, den Kanal innerhalb der physischen Struktur in die Position, die dem Körper beim Channeln eine harmonische Funktionsweise erlaubt. Ich will damit nicht sagen, daß eine Drüse für diesen ganzen Vorgang verantwortlich ist, aber sie ist der Brennpunkt, nach dem der Kanal selbst, der ja eine Kombination von Energien ist, Ausschau hält, um auf der physischen Ebene einen sicheren Anhaltspunkt zu haben. Ist es nicht interessant festzustellen, daß sich die Thymusdrüse im Schlafzustand befindet, bis man zu channeln beginnt und förmlich darauf wartet, stimuliert oder aufgeweckt zu werden? Eure Mediziner haben keine Ahnung von diesem besonderen Erweckungsvorgang, obwohl es im Verlauf der Geschichte eures Planeten einige wenige gegeben hat, die qua wissenschaftlicher

Analyse diesen Vorgang bei einzigartigen Individuen festgestellt und darüber Theorien aufgestellt haben.

Physisch gesehen, sondert die Thymusdrüse einen Wirk-
stoff ab, der hier als Hormon bezeichnet wird, in Wirklichkeit jedoch das physische Mittel ist, den Prozeß der
Vergrößerung und Entwicklung zu verdeutlichen. Mir
scheint daher, daß diese Drüse im Verlauf ihrer Reaktivie-
rung physisches Zeugnis davon gibt, was Channeling einerseits in körperlicher, andererseits in evolutionärer Hinsicht
bewirken kann.

Denke daran, all das geschieht für viele Channels nur
ganz allmählich. Eine regelmäßige Stimulierung ist nötig,
damit überhaupt eine Wirkung bemerkt werden kann. Und
nochmals: Der größte Teil der Wirkung geschieht auf der
ätherischen Ebene, die nur ganz allmählich in die dichte
Struktur des physischen Körpers eindringt.

Es ist wichtig zu erkennen, daß diese Thymusdrüse,
sobald sie wieder eine aktive Funktion in eurer physischen
Struktur übernimmt, eure Ausgeglichenheit und die Entwicklung eurer höheren Fähigkeiten fördert. Scheint es, von
einem physischen Standpunkt aus gesehen, nicht logisch,
daß der physische Körper selbst als Partner für Aufgaben
wie zum Beispiel die Teleportation vorbereitet sein muß?
Durch die Absonderung von Hormonen aus der Thymusdrüse, die direkt in die Gewebeflüssigkeit gehen, wird das
erreicht. Diese Hormone kommen auch aus anderen Drüsen, aber die Thymusdrüse ist der Initiator dieser Stimulierung von höheren Fähigkeiten. Physischer Widerstand, der
als Barriere erscheint, kann durch diese Hormone überwun-
den werden, so daß sich auch dein physischer Körper durch
eine Neuordung seiner molekularen Struktur durch scheinbar soliden Raum bewegen kann. Die Stimulierung durch
das endokrine System ist die physische Manifestation deiner Erkenntnis, daß du solche Fähigkeiten in der physischen

Welt gebrauchen und einsetzen kannst. Zweifellos kann man damit beginnen, die höheren Fähigkeiten zu nutzen, bevor die physische Struktur sozusagen „feingestimmt" ist, weil die meisten von euch einige Monate brauchen, um den physischen Körper an einem bestimmten Punkt auf diese höheren Qualitäten einzustimmen. Der Vorgang des Channelns kann sicher dazu dienen, diese Feinstimmung zu erreichen, und der Channel, der regelmäßig mit dem Lehrer arbeitet, wird empfänglich für die physischen Realisierungsmöglichkeiten dieser höheren Fähigkeiten wie auch für die entsprechenden psychologischen Erkenntnisse.

Sobald die Thymusdrüse aufwacht, stellt sie häufig in der physischen Struktur wieder eine Balance her, die diese gesucht hat. Auch wird die Regulierung des gesamten physischen Systems einfacher, und die meisten Krankheiten, die durch Störungen der inneren Harmonie verursacht waren, verschwinden.

Nun ist es nötig, daß wir uns der Herzgegend, diesem Zentrum für bedingungslose Liebe, zuwenden. Es ist das entscheidende Organ, das die Erhaltung der Lebenskraft gewährleistet. Es ist sozusagen ein Regulator, eine Pumpe, sehr empfindlich und doch stark in der Ausübung seiner Funktion. Die Thymusdrüse hat es zunächst in seinem Wachstum unterstützt, und dann brach die aktive Verbindung ab. Wenn sie nun durch das Channeln wieder erwacht, wird das Herz selbst durch die neue hormonelle Aktivität im endokrinen System betroffen. Erinnere dich, daß ich gesagt habe, es sei nicht nur ein Hormon, sondern der Austausch von Hormonen, die das endokrine System absondert, die als Regulatoren des gesamten physischen Systems fungieren. Daher wird das Herz durch die Stimulierung der Thymusdrüse stabiler und weniger empfänglich für eine Art „Schock" durch einen elektrischen Stimulus. Das ist deswegen wichtig, weil euer physisches Herz von einer Qualität beeinflußt wird, die Magnetismus genannt wird.

Magnetismus ist, physisch gesehen, eine elektrische Stimulierung von solcher Intensität, daß es jeden Prozeß oder jede Strömung im Körper beschleunigt. Solch eine Beschleunigung ist natürlich Teil des Evolutionsprozesses. In dem Augenblick, wo man sich des evolutionären Prozesses bewußt wird, entsteht eine neue Beziehung zu bestimmten Energiepunkten, die niemals physisch genutzt worden sind und jetzt die physische Struktur stimulieren. Wenn die Thymusdrüse erwacht, dämpft sie dieses elektrische Vordringen ab, wenn es sich dem Herzzentrum nähert, indem sie wieder ein Hormon absondert und direkt in die Gewebeflüssigkeit leitet. Dieser Vorgang stimuliert die Sekretion anderer Hormone aus anderen Drüsen, vor allem der Epyphyse und Hypophyse, die gemeinsam einen Regulator, eine Art Polster, für das Herzzentrum bilden. Daraus kann man die Wichtigkeit der Thymusdrüse ersehen, aber es ist nötig zu wiederholen, daß sie ihre Stimulation des physischen Bereichs von der ätherischen Ebene aus beginnt und eine Zeitlang von daher wirkt.

Schau dir die Illustration in Lektion 6 an. Du kannst hier erkennen, wie sich die Thymusdrüse mit dem Kanal verbindet und ihn ausrichtet. Du kannst also sehen, daß es in der physischen Struktur Regulatoren gibt, die es ermöglichen, beim Vorgang des Channelns den physischen Apparat so zu benutzen, daß sie einerseits Impulse geben und doch auch ein schützendes Polster bieten für den Fall, daß durch zuviel Stimulierung eine Schockwirkung oder Überbelastung droht. Du hast auf diese Weise in deiner physischen Struktur einen Regulationsmechanismus eingebaut, der gewährleistet, daß das Channeln deiner besonderen Struktur guttut.

Es gibt jedoch Zeiten, in denen das Channeln deine physische Struktur zu sehr belastet, und ich denke, daß diejenigen, die regelmäßig als Channel arbeiten, wissen, daß das stimmt. Wie paßt das aber nun zu dem, was ich bisher gesagt habe? Nun, wir können diesen Regulator für das System der Unterstützung beim Channeln mit einem Flußbett, das den Fluß trägt, vergleichen, Manchmal aber tritt der Fluß über seine Ufer, nicht wahr? Das bedeutet, daß die Menge an Energie oder Lebenskraft in dem Kanal eine solche Intensität erreicht hat, daß die Regulatoren, das endokrine System also, wie ihr euch erinnert, damit nicht fertig werden. Hier handelt es sich in Wahrheit um eine Wirkung, nicht eine Ursache. In einem solchen Fall erleidet der Körper eine Art Schock, und davon sind meistens ein oder zwei Körperteile betroffen. Doch auch das gesamte endokrine System ist mitbetroffen, gleich welche anderen Körperteile von dieser Energie versorgt werden. Es ist wichtig, das zu wissen, weil die Erschöpfung oder der Zusammenbruch des endokrinen Systems eine Disfunktion oder Disharmonie der physischen Struktur hervorrufen kann. Diese Art von Erschöpfung des Drüsensystems müßt ihr vermeiden, meine Freunde. Es ist notwendig, daß ihr darüber genau Bescheid wißt, damit ihr den Channeling-Vorgang effektiv und ohne Schaden für eure physische Struktur einsetzen könnt.

Ich will damit nicht sagen, daß das Channeln eure Körperstruktur zerstört. Ich sage vielmehr, daß ihr in der physischen Struktur ein Werkzeug besitzt, das ihr richtig gebrauchen lernen müßt, indem ihr es pflegt und in Ordnung haltet. Wenn du channeln könntest, ohne dabei unbewußte Blockierungen zu aktivieren, könnte es eine solche Überlastung nicht geben. Es geht hier um das, was ich schon früher gesagt habe, nämlich um eine Aufheizung von widersprüchlichen energetischen Störungen. Diese erzeugen die Überlastung. Ich will euch hier einige spezielle Techniken geben, die euch bei diesem Problem helfen können und einem besseren Verständnis der Kontrolle eures Körpers beim Channeln dienen. Wegen der Nähe des endokrinen Systems zu den Chakren, die einfach die ätherische Ebene dieser Drüsen darstellen, kann man leicht zu den Energieaktionen in jeder Drüse Zugang finden. So kann man die Herzgegend und die Thymusdrüse direkt über das Herz-Chakra erreichen. Die Schilddrüse und Nebenschilddrüse durch das Kehlkopf-Chakra, die Hypophyse durch das Dritte Auge und die Epyphyse durch das Kronen-Chakra. Ein Wartungssystem für die Chakren kann helfen, daß während des Channelns die Funktionsweise des Regulierungssystems intakt bleibt. Nun kannst du aber auch manchmal Überlastungen erleben, ohne daß dem endokrinen System Energie entzogen würde. Es ist nur selten so, daß das endokrine System ganz entleert ist, aber es ist wichtig, darauf zu achten, ob bestimmte Bereiche in der physischen Struktur mit Energie überladen sind. Meiner Meinung nach können in einem solchen Fall heilende Techniken für die physische Struktur sehr hilfreich sein. Wenn du als Channel deine physische Struktur regelmäßig mit Heiltechniken behandelst, weißt du genau, wenn bestimmte Körperbereiche sich verschließen oder die Energie festhalten, statt sie frei durchfließen zu lassen.

Es gibt natürlich sehr viele Arten, wie man solche Blockierungen einschätzt. Nicht jeder Block, sogar nur etwa 10 Prozent, werden durch Überlastung des endokrinen Systems erzeugt. Die übrigen Blockierungen sind psychologischer Natur. Das heißt, es ist ein Gebiet stimuliert worden, wo es noch mehr Einsicht bedarf, was dieser besondere physische Bereich bedeutet, und deshalb staut sich dort in der physischen Struktur die Energie. Es handelt sich hier in Wahrheit um eine Energiekette. Nehmen wir zum Beispiel an, du beginnst als Channel mit einem Lehrer zu arbeiten, dessen Energie für dich neu ist. Die physische Struktur braucht eine gewisse Zeit, um diese Energie zu integrieren.

Wir nehmen auch an, daß die Energie dieses Lehrers die Öffnung deines Herz-Chakras stimuliert. Vielleicht schien dieser Bereich blockiert oder nicht so offen, wie du es dir gewünscht hättest; vielleicht zeigt der Lehrer dir auch bei der Übermittlung für jemand anderen Dinge, die deine Blockierungen wecken. So kann sich die Energie in deinem Kanal durch eine Verbindung verschiedener Ursachen in deiner physischen Struktur festsetzen. Sie fließt dann nicht so frei wie sie sollte. Du sollst offen sein, ein offener Kanal, der über seine Physis eine spirituelle Verbindung herstellt und sie der Erde vermittelt, die dann darauf reagiert. Auch deine Beziehung zur Erde oder die zur Menschheit können Ursache für Energieblockierungen sein. Es gibt also verschiedene Möglichkeiten, die zu Blockierungen in der physischen Struktur führen können. Doch wenn du die Heilungstechniken angewandt, psychologisch gearbeitet und eine Klärung verspürt hast, kannst du auch in Erwägung ziehen, uns zu fragen, ob du das endokrine System möglicherweise überlastet hast.

Aber die meisten von euch werden ja noch nicht genug gechannelt haben, damit dies passieren könnte. Das ist einfach ein Aspekt des Channelns, der dann zutagetritt, wenn das angeratene Maß überschritten wird. Für die meisten von euch sind sechs oder höchstens sieben Stunden Channeln am Tag bei mindestens einem Tag Pause pro Woche das Maximum. Auch das kann natürlich variieren, aber achte darauf, daß das Regulierungssystem deiner Energie in deinem Kanal zuverlässig funktioniert. Wenn es mißbraucht oder nicht verstanden wird, dann behandelt ihr euren physischen Körper, eure Struktur, euer Werkzeug nicht in einer Weise, die diese physische Struktur klar und vor allem liebevoll erhält, meine Freunde. Zu eurem Lernprozeß beim Channeln gehört auch, daß ihr eure physische Struktur lieben lernt. Auch wenn ihr darüber vielleicht noch nicht nachgedacht habt, ist dies ein Teil eures Lernens. Man transzendiert die Körperlichkeit nicht, sondern schließt sie in liebevoller und gewährender Weise in den spirituellen Prozeß ein, indem man ihre Stärken und Fähigkeiten dazu nutzt, all das zu integrieren, was körperliche Existenz bedeutet.

Zusammenfassend sei gesagt, daß das endokrine System die Regulatoren enthält, die den Körper durch die Sekretion von Hormonen in die Gewebeflüssigkeit an die gechannelte Energie anpassen, so daß ihr eine angemessene physische Strukturierung bereitgestellt wird, die den physischen Körper nicht „aufheizt" oder irritiert, sondern seine Kräfte in harmonischer Weise nützt.

Danke.

In Liebe, Vywamus

MEDITATION

Stell dir einen Kreis vor. In diesem Kreis ist dein Herz. Der Kreis ist grünviolett, das Herz rosa. Geh von außen durch diesen Kreis hindurch. Fühle, wie deine physische Struktur buchstäblich durch das Grünviolett ins Herz hineingeht. Öffne nun deinen Kanal von diesem Zentrum aus und sage Worte wie zum Beispiel: Klarheit. Führe das Wort durch das Grünviolett hindurch und bringe es ins Zentrum wo du bist. Sieh, wie es diesen Reinigungsprozeß der grünvioletten Energie durchläuft. Dann: Klarheit, Gewähren, Stabilität, Liebe, Aufgeschlossenheit, Vertrauen, Bereitschaft, freies Fließen, Geschmeidigkeit, Licht. Ich möchte gern, daß ihr diese und andere Worte, die ihr wichtig findet, täglich bis zur nächsten Lektion benutzt. Denk daran, steh im Zentrum, stell dir vor oder erkenne, wie diese Worte diesen tiefen Reinigungsprozeß durchlaufen, hereinkommen und dann in deinem Herzen sind. Worte sind Symbole, reinige sie und nimm sie in dein Herz auf.

Lektion 9

Wir setzen nun unseren Unterricht über das endokrine System fort, indem wir uns mit den Nebenierendrüsen beschäftigen, die mit der Niere verbunden sind. Diese sind ziemlich komplex, und es ist hier nicht unser Ziel, die physischen Merkmale dieser Drüsen zu besprechen, zumal es viele Bücher darüber gibt. Vielmehr wollen wir eine Kenntnis davon vermitteln, wie Channeln diese besonders empfindlichen Drüsen beeinflußt. Ich denke, daß es wichtig ist, diese hohe Sensitivität in einem sehr realen Sinn zu begreifen. Die Nebennierendrüsen haben die Fähigkeit, die spirituellen Voraussetzungen bei euren Channel-Bemühungen zu erweitern, indem sie durch bestimmte Hormone verschiedene Öffnungen regulieren. Um das zu verdeutlichen, stellt euch einen Raum in Form einer Ellipse (vgl. Abb. S. 126) vor, und diese Ellipse hat viele „Fenster", die geöffnet werden können, um von dem Kanal mehr Reize zu empfangen. Anders gesagt, passen die Nebennierendrüsen diese Öffnungen, die durch irgendeines der Chakren oder Energiezentren entstehen, dem physischen Körper an.

Ich will euch ein Beispiel dafür geben: In Verbindung mit dem Kronen-Chakra und der Epyphyse gibt es ein solches Fenster. Indem sie diese Öffnung reguliert, regt die Nebennierendrüse eine gleichmäßiger verteilte Aufnahme der Energie an. So wird ein Teil der Energie von der Krone zum Dritten Auge geleitet und kann dort in das physische System eindringen. Ein Teil der Energie wird zum Kehlkopf-Chakra geleitet und dringt dort ein. Ein Teil zum Herzen, ein Teil zum Solar-Plexus, ein Teil zum Polaritäts-Chakra und ein Teil zum Basis-Chakra. Nun wollt ihr vielleicht noch einmal darüber nachdenken, was in diesen Lektionen bereits gesagt wurde; nämlich dort, wo ich darauf hingewiesen habe, daß das Kehlkopf-Chakra das erste Chakra ist, das die übermittelte Botschaft aufnimmt.

Zur gleichen Zeit reagiert natürlich das Drüsensystem, wobei die Schilddrüse und das Dritte Auge als Teil des Drüsensystems den ersten Kontakt mit der übermittelten Botschaft haben. Von der Reihenfolge her gesehen stimmt das auch. Das heißt, auf der physischen Ebene ist die Kehle die erste Kontaktstelle, dann das Dritte Auge und, wie schon früher gesagt, ein Gang vom Herzzentrum aus. Jedoch verläuft der Channel-Kontakt in Wahrheit nicht in einer Reihenfolge. Das heißt, daß die spirituelle Seite, von der aus der Zugang erst möglich wird, sich immer in dem, was wir das ewige Jetzt nennen, befindet und keiner Sequenz folgt. So ist der spirituelle Kontakt in seinem wirklichen Sinne wiederum diese Energieellipse, die vollkommen reguliert werden muß, um die gewünschte Harmonie zu gewährleisten.

Diese Lektion beinhaltet ein Diagramm, aus dem ihr diesen, wie mir scheint, wichtigen Unterschied zwischen dem spirituellen Kontakt im ewigen Jetzt und dem Kontakt, wie er auf der physischen Ebene, also in einer zeitlichen Abfolge verläuft, erkennen könnt. Blättere nun bis ans Ende der Lektion und schau dir das Diagramm an. Der Kontakt von der spirituellen Ebene her ist im Bild einer Ellipse mit sieben Öffnungen, die die spirituelle Seite eurer sieben Chakren darstellen, verdeutlicht. Du kannst auch den Brennpunkt des Kontakts auf der physischen Ebene erkennen, der schon früher dargestellt wurde, hier in der Zeichnung aber noch einmal rekapituliert wird. Wenn man zu channeln beginnt, werden die physischen Haken, die die Drüsen darstellen, von den Nebennierendrüsen in ganz spezifischer Weise reguliert, während sie das übermittelte Material aufnehmen. Eine sitzt an der linken Seite, die andere an der rechten Seite des Körpers, was der doppelseitigen reziproken Natur der übermittelten Botschaft entspricht. Vielleicht hast du noch nicht darüber nachgedacht, daß Channeln ein wechselseitiger Prozeß ist, aber er ist es ohne Zweifel. Es gibt dabei immer einen Austausch von Energie. Wenn du nämlich Kontakt mit der spirituellen Ebene aufnimmst, so stellt sie den Kontakt mit dir auf der physischen Ebene her. Obwohl sich unser Hauptinteresse in diesen Lektionen darauf richtet, das Geschehen auf der physischen Ebene zu verstehen, möchte ich euch in diesem Zusammenhang doch kurz mitteilen, daß immer dann, wenn euer physischer Kontakt zur spirituellen Ebene fließt, diese Energie dort ganz aufgesogen wird. Sie ist dort nicht nur erwünscht, sondern wird in der Tat dringend erwartet von denen, die für die Durchführung und Erfüllung des Planes verantwortlich sind. Ich will euch sagen, warum das so ist. Die Energien, die ihr einfach nur durch euren Kontakt mit der spirituellen Ebene abgebt, werden über den Punkt hinaus erweitert, der bisher in der spirituellen Welt verdaut werden konnte. Anders gesagt hat diese Energie wegen ihres physischen Weges die Fähigkeit, in den evolutionären Prozeß einzudringen. Ihre forschende Natur elektrisiert buchstäblich den spirituellen Punkt dort, wo sie eintritt. Dadurch entsteht eine magnetische Strömung von viel größerer Intensität als der, die vorher an diesem Punkt erfahrbar war. Auf diese Weise kann die physische Existenz der spirituellen Ebene Vitalität und Energie bringen. Das ist wichtig und hilft, alle die Punkte zu entzünden, die jeder Möglichkeit und Gelegenheit Kohäsion zu geben suchen.

Obwohl wir eine ganze Unterrichtsserie mit der Wirkung der physischen auf die spirituelle Ebene bestreiten könnten — vielleicht werden wir das auch einmal tun —, möchte ich doch jetzt wieder zurückkommen zu unserem Thema: der Wirkung der spirituellen Ebene auf unsere physische. Wenn also der spirituelle Kontakt hergestellt ist, bereitet der Körper sich darauf vor, ihn zu empfangen. Signale werden durch eine Art Energiekorridor, den ihr euren Kanal nennt, gesendet. Der Energiekörper, euer ätherischer Körper, gibt dann dem physischen Körper, dem endokrinen Drüsensystem, Signale. Dann werden die Nebennieren aktiv und regulieren die Öffnungen, um die ankommende Botschaft weiterzuleiten (denn das haben die Signale gesagt: „Die Botschaft kommt, halte dich bereit"). So werden die Chakren, Kronen-, Drittes Auge-, Kehlkopf-, Herz-, Solar-Plexus-, Polaritäts- und Basis-Chakra, mit Hilfe der Sekretion der Nebennierendrüsen in einer ziemlich komplizierten Weise eingestimmt — mittels spezifischer Hormone, die mit den anderen Drüsen im endokrinen System im Austausch stehen. Diese geben daraufhin die Signale an die Energiezentren, einen gewissen Teil der spirituellen Botschaft hereinzulassen. Wenn du sieben Öffnungen in der spirituellen Ellipse hättest, die dann dem Energiekörper gleichkäme und in den physischen Körper hineinwirkte, dann könntest du davon ausgehen, daß die Nebennierendrüse die Öffnungen reguliert, in dem sie sie jeweils vergrößert oder verkleinert, um sie so der physischen Struktur anzupassen, so daß ein Höchstmaß an Beständigkeit und Integration, das überhaupt in der physischen Struktur möglich ist, erreicht wird.

Hier kommen wir nun zu meinem nächsten Punkt. Du möchtest vielleicht wissen, was mit dem Kanal geschieht, wenn du dein Unterbewußtsein klärst? Was geschieht in physischer Hinsicht? Wie kann dein Kanal — physisch — klarer werden, wenn du bestimmte Muster und falsche Glaubenssätze beseitigst? Das ist eine sehr gute Frage, mit der ich mich in dieser Lektion beschäftigen will, weil die Nebennierendrüse der Regulierungsmechanismus für die Glaubensstruktur ist. Die Nebennieren „erhalten Befehle" von einem besonderen Energiepunkt her, der sich buchstäblich durch jedes Chakra windet und Teil jedes Chakras ist, aber bei euch als euer Unterbewußtsein bekannt ist. Obwohl es unterbewußtes Denken in eurem Kopf gibt, ist der Teil des Unterbewußtseins, mit dem wir uns beschäftigen oder das wir klären wollen, tatsächlich eine Energieströmung, die durch das gesamte Chakrensystem und dann auch auf der dichteren physischen Ebene durch das ganze endokrine System läuft. Eure Mediziner werden mir in diesem Punkt vielleicht nicht zustimmen, aber in dem Sinne, indem das Unterbewußtsein der Motor für eure Kreativität ist, könnt ihr erkennen, daß es einen lebenswichtigen Teil der Energiezentren, der Chakren, bildet. Das Chakrensystem gehört tatäschlich zur physischen Ebene, und ein gewisser Anteil eures kreativen Prozesses ist auf der physischen Ebene ansässig, während ihr euch für ein irdisches Dasein entschieden habt. Nun möchtest du vielleicht einwenden: „Ich habe nicht gewählt, hier zu sein. Ich muß hierbleiben", aber das trifft doch nicht wirklich zu, nicht wahr? Die Glaubenssätze, die eine vollständige Integration der physischen Existenz in deine spirituelle Erkenntnis erlauben, werden ständig überprüft und erneuert. Jedes Energiezentrum wird also auf sehr viele Arten angeglichen und verändert. Ganz gewiß ist Channeling ein wichtiges Mittel zur Regulierung der Energiezentren, diesem physischen Teil eurer Kreativität.

Kommen wir zum endokrinen System zurück. Wenn du eine Blockierung in deinem Unterbewußtsein auflöst, vielleicht mehrere Verhaltensmuster durchbrichst oder andere benutzt, um wichtige Zusammenhänge zu erkennen, reagieren die Nebennierendrüsen auf dieses Aufbrechen eines Energieblocks, indem sie die freigewordene Energie nutzen und sie durch Sekretion bestimmter Hormone zu dem Zentrum leiten, das sie benötigt oder von dem ihr im Augenblick glaubt, daß es sie brauche. Nun, diejenigen, die regelmäßig channeln, werden merken, daß der Vorgang des Channelns selbst hilft, nach einer Auflösung größerer Blockierungen oder der Realisierung wichtiger Einsichten die Energie gezielter einzusetzen. Nehmen wir an, du hast Energie in dir freigesetzt, indem du einige Muster beseitigst und neue Erkenntnisse über dich gewonnen hast. Nun bedienen sich deine augenblicklichen Glaubenssätze des endokrinen Systems, um den neuen Gebrauch jener Energie zu dirigieren. Und bevor dieser Prozeß beendet ist, beginnst du zu channeln. Dadurch kannst du den Energiefluß in einer klareren Weise bestimmen. Denn denke daran, Channeln bedeutet eine Verstärkung deines Ideals, und auf diese Weise wird sich die Richtung deiner Energie über das endokrine System mehr an jenem Ideal (deinem Kanal) ausrichten als an deiner augenblicklichen Glaubensstruktur. Man könnte also sagen, daß der Kanal eine klarere Sicht hereinholt, die den Prozeß über das endokrine System lenkt statt über die noch nicht vollständig geklärten Glaubenssätze in deinem Unterbewußtsein. Er ist also wirklich ein Mittel, um Hilfe zu erhalten, wenn du sie brauchst.

Die Nebennierendrüsen sind wirklich interessant. Sie besitzen die Fähigkeit, mit einer Menge von Stoffen fertigzuwerden, die in unangemessener Weise zustandekommen. Diese Stoffe kommen entweder von den neu stimulierten Hormonen, die ins System gelangen, oder es sind Stoffe, die schon da sind, weil sie gebraucht werden, oder es werden Stoffe freigesetzt, die dem System nicht mehr wünschenswert erscheinen. Es gehört zur Funktion der Nebennierendrüsen, den physischen Körper so zu regulieren, daß er sich seiner Umgebung anpaßt. Sie reagieren sehr empfindlich auf die Muster der Umgebung. Manchmal jedoch erschafft das Unterbewußtsein ein „falsches" Muster der Umgebung, das dann dem System der Nebennierendrüsen übergestülpt wird. Ein gutes Beispiel dafür sind

Menschen, die bestimmte Phobien haben, etwa Höhen-
angst, Furcht vor geschlossenen Räumen etc. In Reaktion
darauf erzeugt der Körper dann Stoffwechselveränderun-
gen, so, als ob die Gefahr ganz real wäre und nicht nur
„künstlich" erschaffen wurde. Wenn jemand, der Angst vor
geschlossenen Räumen hat, einen Aufzug betritt, wird diese
Angst gewiß wieder neu geweckt. Aber es ist viel weniger
die augenblickliche Furcht, sondern eine viel größere aus der
Vergangenheit, die dabei stimuliert wird. So erzeugt das
physische System der Nebennierendrüsen physische Veränderungen, die nicht im angemessenen Verhältnis zur
jetzigen Situation stehen. Das physische System ist mehr an
das, „was gewesen ist", gekettet als an dem, „was ist",
orientiert. Die Sensitivität der Nebennierendrüsen ist
direkt mit den unterbewußten Vorgängen und natürlich
dem Emotionalkörper verbunden. Es ist wesentlich, sich
dieser Zusammenhänge in dem eng verbundenen System
bewußt zu sein. Die Nebennierendrüsen reagieren auch
äußert empfindlich auf die Energien jedes Lehrers, da sie
den Unterschied zwischen den Energien der Lehrer erkennen und dem System unterschiedlich aufgebaute Botschaften übersenden. Gewiß sind die Signale an das physische
System eines Channels ganz anders, wenn er mich channelt
oder die Energie von Djwhal Khul oder von einem anderen
Lehrer überträgt. Das bedeutet auch, daß eine Zeit der
Integration mit jedem Lehrer, den ihr zu channeln beginnt,
hilfreich ist, da ihr eurem physischen Körper auf diese
Weise gestattet, sich anzupassen. Was da geschieht, könnte
man folgendermaßen beschreiben: Du „empfängst ein
Energiemuster", und dein Unterbewußtsein sagt dir: „Gut,
das ist Vywamus' Energie". Das Unterbewußtsein stellt in
einer ziemlich verzwickten Weise das Rezept der Energie
zusammen, das dann an die Nebennierendrüsen und danach
tatsächlich an das gesamte Drüsensystem gesendet wird,

und so wird der ganze Zusammenhang auf der physischen Ebene erfaßt.

Eure Nebennierendrüsen bilden tatsächlich den Regulierungs-Integrationsprozeß für deinen Kanal auf der physischen Ebene. Dieser wird von dem unterbewußten kreativen Prozeß stimuliert und zu einem sensibilisierten Regulierungsgrad gebracht, von wo aus sie die Öffnungen im Chakrasystem nach Bedarf regulieren können, je nachdem, wer gechannelt wird und welchen Inhalt die Botschaft hat. Die Nebennierendrüsen haben aber noch eine andere Funktion. Sie versuchen, irgendwelche Irritationsmomente im System „abzukühlen", die aus einer Unfähigkeit, den idealen Blickwinkel zu empfangen, angefacht werden. Wir haben über solche Irritationen schon früher gesprochen, aber wir haben noch nicht erklärt, was in eurer energetisch/physischen Struktur vor sich geht, wenn ihr damit umzugehen versucht. Je größer die Irritation ist, desto überlasteter wird das System. Es gibt ein Maß an Irritation oder Aufheizung, das sehr leicht bewältigt werden kann. Über dieses Maß hinaus, das individuell verschieden ist, findet eine Überlastung statt, die die Tendenz hat, sich im System bis zu einem Punkt zu akkumulieren, an dem die sogenannte kritische Masse erreicht ist. Falls nicht davor schon etwas getan wird, das heißt, die Irritation nicht schon vor dieser Phase bewältigt wurde, kann sich eine „Implosion" ereignen. Diese Implosion ist nicht gut für euren physischen Körper. Ihr alle werdet das wohl als Channels von Zeit zu Zeit erleben. Die Implosion beginnt im Energiekörper mit einer schockartigen Wirkung, die gewöhnlich dann entsteht, wenn es deinem Unterbewußtsein schwerfällt, die Informationen, die übermittelt werden sollen, aufzunehmen. Gewöhnlich ist das der Bereich, in dem du als Channel einige Blockierungen hast, und zwar in einer recht verworrenen Weise. Ganz allgemein gesagt, versuchen wir, die spirituellen Lehrer, dir in diesem Bereich zu helfen, indem wir dein Unterbewußtsein betrachten und alternative Wege suchen, um bestimmte Themen zu besprechen. Wir versuchen nicht, ein Thema völlig zu umgehen, bei dem wir deinen Widerstand oder deine Irritierbarkeit spüren. Aber wir können doch dieses besondere Thema oder den Energiebereich in einer Weise erklären oder verwenden, die so wenig belastend wie möglich für dich ist. Ich möchte jedoch hier hinzufügen, daß es manchmal Umstände oder Zeiten gibt, in denen wir einfach wissen, daß eine leichte Implosion zugelassen werden sollte, um einen Energieblock aufzubrechen und dich so in einem sehr realen Sinn von einer Stauung zu befreien, die du vielleicht in einem bestimmten Themenbereich hast. Das kann sehr hilfreich sein, obwohl das dein physischer Körper vielleicht gar nicht so empfindet. Man könnte also sagen, daß wir dir helfen, deine Blocks in deinem Kanal zu „sprengen", aber deine physische Struktur muß so reguliert sein, daß sie die Klärung durch eine solche Implosion erlaubt.

Den Rest dieser Lektion möchte ich gern dazu verwenden, euch einige Techniken zu zeigen, die ihr anwenden könnt, wenn eine solche Implosion stattfindet. Du mußt natürlich die Signale, das System kennen, und nun, da du darüber etwas weißt, kannst du uns natürlich fragen, ob das tatsächlich stattgefunden hat. Es schadet dir aber auch nicht, die folgenden Techniken anzuwenden, wenn sich keine Implosion ereignet. Du kannst also auf jeden Fall das tun, was ich dir jetzt sagen will. Es wird dir sehr dabei helfen, einen bestimmen Bereich deines physischen Körpers, der diese Hilfe braucht, zu durchleuchten.

Folgende Symptome zeigen sich bei einer Implosion:

1.) Unangemessene Ermüdung nach einer kurzen Zeit des Channelns (eine Stunde oder weniger).

2.) Nach dem Channeln ist dir kalt, und es gelingt dir

nicht, wieder warm zu werden.

3.) Ein Gefühl, daß die Energie nach dem Channeln in einem bestimmten Teil des Körpers „steckenbleibt" und du sie dort nicht zum Fließen bringst.

4.) Durch das Channeln sind Emotionen geweckt worden, und du bist nicht in der Lage, diese Stimulierung zu beruhigen.

Und hier die Übungen:

1.) Wenn du eines der oben beschriebenen Symptome bemerkst, sorge dafür, daß dir warm ist. Hülle dich in eine Decke ein oder ziehe einen Pullover oder Mantel an. Bitte einen Freund, seine rechte Hand auf die Vorderseite des Herz-Chakras und die linke Hand auf die Rückseite des Herz-Chakras direkt auf den physischen Körper zu legen. Die Hände sollen dort etwa zehn Minuten liegenbleiben. Stelle dir dabei vor, daß ein weißer Energiestrom aus deinem Herzen kommt. Führe diese weiße Energie hoch zu deinem Kronen-Chakra und leite sie durch das ganze Chakrensystem hinunter. Wenn eine Implosion stattgefunden hat, sind Chakren in irgendeiner Art blockiert. Führe die Energie also zuerst vom Herz-Chakra hinauf und stelle dir das Kronen-Chakra als eine Scheibe vor. In deiner spirituellen Hand hältst du die violette Flamme. Reinige das Chakra damit, während die weiße Energie durch das Chakrensystem fließt. Wenn es rein und transparent ist, laß die weiße Energie zum Dritten Auge fließen, reinige es mit der violetten Flamme und achte auch darauf, daß der Gang zwischen Kronen-Chakra und Drittem Auge ganz frei und klar ist. Gehe dann zum Kehlkopf-Chakra und stelle es dir auch als Scheibe vor. Reinige es auch mit der violetten Flamme und mache den Energieweg zwischen dem Dritten Auge und der Kehle sauber. Wiederhole diesen Vorgang bei jedem Chakra, indem du zunächst das Chakra und dann den

Verbindungsgang zwischen den Chakren reinigst. Dabei laß den Strom weißer Energie weiter aus deinem Herzen durch das ganze System hindurchfließen. Dabei sollte die Person, die dir hilft, die ganze Zeit über, bis die Reinigung abgeschlossen ist, ihre Hände auf deinem Herzen ruhen lassen. Beende den Vorgang damit, daß du diese Energie tief in die Erde hinunterleitest. Bitte deinen Freund, dein Herz loszulassen, während du die Energie in die Erde leitest. Stelle dich dann mit deinen Füßen flach auf den Boden. Wenn es möglich ist, stelle dich auf die nackte Erde, aber wenn es sehr kalt ist, tue es nicht, sondern stelle dich mit den Füßen auf den Boden des Raumes, in dem du dich befindest. Öffne nun deine Fußsohlen ganz weit und bitte die Erde, dir Energie zu senden. Stelle sie dir als goldene, warme Energie vor, die von unten hoch durch dein frisch gereinigtes System strömt, durch die Füße, die Basis, die Polarität, den Solar-Plexus, das Herz, die Kehle, das Dritte Auge und die Krone hindurch. Gib sie dann an den Kosmos weiter. Mache diese Übung etwa zehn Minuten lang. Die Energie geht vom Herzen aus, dann von der Krone durch das gesamte System hinunter in die Erde hinein. Die Erde gibt goldene Energie zurück. Diese strömt den ganzen Weg wieder nach oben, und du sendest sie zurück zum Kosmos. Das ist die Übung Nummer 1.

2.) Einigen von euch mag die Übung Nummer 2 mehr liegen. Sie eignet sich auch dann, wenn du spürst, daß du ein Problem hast oder vielleicht einfach nur, um das Gefühl von Abgehoben-sein nach dem Channeln zu mildern. Lege dich flach auf den Boden, vorzugsweise die nackte Erde, aber wenn die Erde zu kalt ist, auf den Boden eines warmen Raumes. Ich wiederhole, daß du dich nicht auf kalte Erde legen sollst, weil der Zweck der Übung ja gerade zum Teil darin besteht, daß du dich energetisch aufwärmst. Also gut, du liegst flach auf dem Boden. Fühle nun, wie dein physi-

scher Körper buchstäblich mit der Erde verschmilzt. Alle
Körperstellen, die mit der Erde in Berührung sind, verschmelzen mit ihr. Die Erde nimmt deinen Energiekörper
auf, sie wiegt dich sanft und ist warm und friedvoll. Wenn du
diese Übung machst, ist es vielleicht ratsam, dich mit einer
angenehmen warmen Decke zuzudecken. Du kannst dich so
lange in der Erde schaukeln lassen, wie du willst, aber das
Minimum wären etwa zehn Minuten. Wenn du diese Phase
beenden willst, fühle den Kontakt der Erde in jedem Chakra.
Laß die Energie aus der Erde durch die Krone, das Dritte
Auge, die Kehle, das Herz, den Solar-Plexus, die Polarität,
die Basis und dann von dort zurück nach oben in den
Kosmos hineinströmen. Leite sie nicht zur Erde zurück,
sondern zurück zum Kosmos. Das ist eine etwas andere Art,
mit der Energie zu arbeiten. Wenn du nun aufstehst, fühle
wieder durch deine Füße den Kontakt mit der Erde. Deine
Füße sind jetzt sehr empfänglich, fühle also die Verbindung
mit der Erde, diese göttliche Verbindung. So ist es gut, sehr,
sehr gut.

In Liebe, Vywamus

Unterschiedlicher Zugang zu den Chakra-Energien vom ewigen Jetzt oder der Zeit-Ebene aus

Zugang der spirituellen Ebene

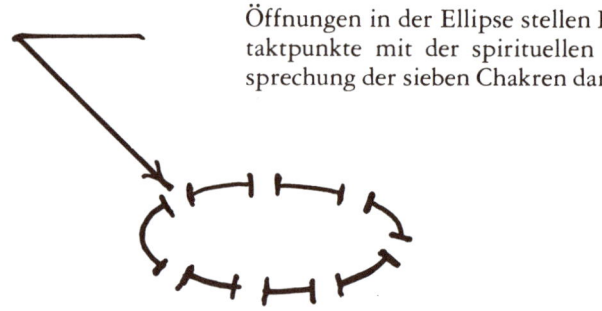

Öffnungen in der Ellipse stellen Kontaktpunkte mit der spirituellen Entsprechung der sieben Chakren dar.

Zugang der physischen Ebene

Direkter Zugang der Chakren in einer geraden Linie durch den physischen Körper

MEDITATION

Du stehst im Zentrum einer Ellipse. Es ist kein Kreis, sondern eine Ellipse, und sie hat sieben gleich große Türöffnungen. Du bist in der Lage, die in Form eines Regenbogens ankommende Energie so zu regulieren, daß du alle Eigenschaften oder Qualitäten des Regenbogens in einer klaren und integrierten Weise nützen kannst. Du kannst ein wenig Violett durch die eine Öffnung leiten. Laß alle Farben durch die sieben Türen herein, etwas Rot, Blau, Gelb, Grün, Orange, Indigo, Rosa, Silber und Gold. Bringe sie herein, damit du sie integrieren kannst. Das ist dein Kanal. Die sieben Öffnungen stellen sowohl die Chakren wie auch das endokrine System dar. Fühle nun, was deine Kreativität, dein Unterbewußtsein zu dem System hinzufügen kann. Das geht, wie mir scheint, am leichtesten, wenn du im Zentrum dieses Raumes sitzt und dir darüber klar bist, wo diese sieben Öffnungen alle sind, und dann schaust, was durch jede Öffnung hindurchkommt. Mache das etwa eine oder zwei Minuten lang und fühle dann, wie integriert der Raum, in dem du dich befindest, zu diesem besonderen Zeitpunkt ist. Wenn er dir sehr integriert erscheint, dann mache das weiter, was du getan hast. Wenn er dir aber nicht so integriert erscheint, dann möchtest du vielleicht die Öffnungen so regulieren, daß du deinen Raum ganzheitlicher, integrierter erfahren kannst. Dies ist auch eine Übung für eure Intuition. Wenn du also nicht intuitiv fühlen kannst, was in den Raum hineinkommt, dann versuche, so viel Intuition wie möglich aufzubringen, um zu fühlen oder geistig zu erspüren, was hineinkommt, oder vielleicht werden dir einige physische Sinne dabei helfen. Zum Beispiel kannst du riechen oder buchstäblich ertasten, was hereinkommt. Das Ziel dabei ist, euer waches Bewußtsein für diese kreative Funktion zu sensibilisieren, nämlich die einströmende Lebenskraft durch die Energie, die wir euren Kanal nennen, zu regulieren. Ich sehe ein, daß diese Übung nicht so konkret oder leicht erfahrbar ist, wie einige von euch es sich vielleicht wünschen, aber wenn du sie ein oder zwei Wochen lang einfach praktizierst, wirst du besser verstehen, was hier möglich ist. Laß dich nicht am ersten oder zweiten Tag entmutigen, sondern fahre unbeirrt mit der Übung, mit dieser Meditation die vollen zwei Wochen fort.

Danke.

Lektion 10

In gewissem Sinn werden wir uns in dieser Lektion vom endokrinen System verabschieden, obwohl wir noch in allgemeiner Weise weiter darüber sprechen. Wenn der physischen Ebene genug Licht zur Verfügung steht und wenn genügend Bewußtsein vorhanden ist, um sich physisch mit diesem Licht zu verbinden, weckt sie ein Ideal von dem, was sie sein kann. Körperlichkeit bedeutet in Wirklichkeit ein Ein- oder Umschließen von Licht. Ich möchte diese Behauptung nun ziemlich ausgiebig in bezug auf den Channeling-Vorgang untersuchen. Ganz gewiß können wir am Channeling-Prozeß erkennen, wie die Evolution arbeitet und was man dadurch gewinnt. Er ist außerdem ein Spezifikum, das es dem sich entwickelnden Bewußtsein, und das seid in diesem Falle ihr, erlaubt, Schritt für Schritt mehr Licht in die physische Struktur zu bringen und dadurch das Ideal herbeizurufen.

Vielleicht bist du in einem wundervollen Park spazierengegangen, einer Naturkomposition von großer physischer Schönheit. Und du hast dabei die Schönheit des Königreichs der Pflanzen erfahren. Dem Königreich der Pflanzen verdankt die physische Ebene große Schönheit, Ausgewogenheit und Harmonie. Was ihr aber vielleicht nicht wißt: Euer Pflanzenreich speichert das Licht oder das, was wir das Ideal nennen wollen, und wartet, daß das Menschenreich Verbindung dazu aufnimmt. In bestimmten Heilmethoden werden Extrakte von Blumen (Blumenessenzen) wegen ihrer heilenden Eigenschaften verwendet. Worauf beruhen diese aber eigentlich? Wir könnten uns natürlich mit den Besonderheiten einer jeden beschäftigen, aber hier genügt es zu sagen, daß sie auf jeden Fall eine Annäherung an ein

Ideal auf der physischen Ebene ermöglichen. Sie verkörpern jenes Ideal und geben uns so eine Ahnung davon. Man könnte sagen, daß sie dieses Ideal channeln, und da dieser Teil ihrer Funktion keiner Sequenz folgt, beinhalten sie dieses Ideal, ohne von der Notwendigkeit eingeengt zu werden, irgend etwas überwinden oder damit „tun" zu müssen. Das muß ich näher erklären. Das Reich der Pflanzen ist ein Sammelpunkt für die Erde. Es vereint in sich in vollkommener Weise alle die Qualitäten, die jeder von euch zu erreichen sucht: bedingungslose Liebe, Ausgeglichenheit, Vertrauen, Reinheit (Integrität), Fürsorge, Empfänglichkeit. Alle diese Qualitäten sind im Pflanzenreich gespeichert. Gewiß hat es selbst auch teil an ihnen, und deshalb ist das Pflanzenreich so hoch entwickelt. Es ist sehr viel höher entwickelt als das Menschenreich, das Tierreich oder das Mineralreich. Es stellt eine Besonderheit dar und dient der Erschaffung eines Ideals.

Ein Channel ist grundsätzlich ein Bindeglied. Während er die Verbindung herstellt, zieht er aus dem, was durch den Kanal geströmt ist, seinen Nutzen. So ist euer Pflanzenreich der Kanal für das Ideal auf eurem Planeten. Das ist eine interessante Perspektive, die wir gemeinsam untersuchen wollen. Wenn wir bestimmte Mitglieder des Pflanzenreichs betrachten, könnte man vielleicht einwenden: „Wie können diese ein Ideal verkörpern?" Es gibt bestimmte Pflanzen, die auf der Erde als nicht erwünscht gelten — ihr nennt sie Unkraut. In der westlichen Welt werden sie aus den Gärten und dem Rasen ausgerupft. Das ist nicht überall auf der Welt geschehen, aber an bestimmten Plätzen werden bestimmte Mitglieder des Pflanzenreichs aus der Erde entfernt. Mir scheint, das ist ein Symbol dafür, daß man versucht, bestimmte Bausteine zusammenzutragen, die nicht in das Gesamtbild zu passen scheinen. Ein Beispiel dafür ist der Löwenzahn. Ihr habt in diesem Land versucht, ihn aus dem Rasen zu eliminieren, aber einige von euch beginnen zu realisieren — und zu bestimmten Zeiten in der Geschichte hat man dies gewußt, daß der Löwenzahn viele produktive Eigenschaften hat, die man sehr gut zu einem stimulativen Prozeß, wie wir es nennen wollen, benutzen kann. Ich will euch damit deutlich machen, daß alles, was die Erde an Spezifischem besitzt, über einen Prozeß des Channelns entstanden ist. Channeling ist ohne Zweifel ein natürlicher Prozeß, und jedes Reich nimmt daran teil. Sehr oft kann das Pflanzenreich euch ein ideales Modell vor Augen führen. Was du auf der physischen Ebene erblickst, ist eine große Schönheit — du kannst sie sogar riechen. Aber man muß auch fähig sein, die Energie darin wahrzunehmen, um einen Eindruck davon zu bekommen, was das Pflanzenreich der Erde in Wirklichkeit bringt.

Hast du dir jemals einen herrlichen Blumengarten in all seiner Vielfalt angeschaut? Manche Blumen blühen, andere nicht, je nach Jahreszeit. Aber zu jeder Zeit findet eine beständige Fortentwicklung in diesem Blumengarten statt. Sogar im Winter könnte man noch die Wesenheit jeder Blume erkennen, die darauf wartet, im Frühjahr aus dem Boden zu sprießen, und man könnte auch zu dieser Zeit eine Energie wahrnehmen. Aber ich beziehe mich hier vor allem auf die Zeit von Frühjahr bis Herbst. Wir müßten über die Zeit des Winters etwas anders sprechen. Die Blumen sind zu dieser Zeit nicht tot, aber ihr Wachstum ist sozusagen verinnerlicht.

In jedem Frühjahr wird ein Ideal auf der physischen Ebene geformt. In jedem Frühjahr in der Tagundnachtgleiche beginnt ein neuer Anfang. Man könnte sagen, daß eine Konferenz mit dem Reich der Engel und einigen ihrer Verbindungsglieder, die wir die Verwalter eures Planeten in spirituellem Sinne nennen wollen, stattfindet. Nun beginnt das Channeln des Ideals. Eure Erde wird von den

Verwaltern gechannelt und mit dem Engelreich verbunden, mit all den Einheiten des Bewußtseins, die die „elementaren" genannt werden, und besondere kreative Verbindungen zur Erde herstellen. Das Pflanzenreich reagiert zur Zeit der Frühlings-Tagundnachtgleiche unmittelbar. Was bis dahin innerlich vorbereitet wurde, findet nun seinen äußeren Ausdruck, das heißt, es beginnt auf der Erde zu sprießen. Wo immer auf der Erde Frühling ist oder etwas zu sprießen beginnt, gibt es einen Wachstumsprozeß, der durch das Channeln eines Ideals für die Erde zustandegekommen ist. Ein neuer Anfang, eine neue Gelegenheit, eine neue Stufe des Verstehens wird durch eine Channeling-Verbindung gesucht.

Das Pflanzenreich nimmt das Ideal von einem beständig physischer werdenden Response oder einem gechannelten Response auf und verkörpert es. Das Pflanzenreich ist durch diesen Dienst außerordentlich gewachsen. Es interessiert euch vielleicht zu wissen, daß diese Art von Verkörperung eines Ideals in der gesamten Galaxis einzigartig ist. Es geschieht nur in bestimmten Teilen, nennen wir sie die experimentellen Bereiche, dieses galaktischen Gartens. Es war so erfolgreich auf der Erde und der Nutzen für euer Pflanzenreich so augenscheinlich für die galaktische Ebene, daß gegenwärtig sehr, sehr viele neue gechannelte Verbindungen entstehen, die ein ähnliches Programm auf anderen physischen Planeten vorbereiten helfen. Wenn du diese große Schönheit des Pflanzenreichs anschaust, kannst du den großen Nutzen des Channeling-Vorgangs für den, der channelt, sehr direkt und klar erkennen. Seit euer Planet erschaffen wurde, waren die Pflanzen, Blumen und Bäume Kanäle. Etwa 95 Prozent der anderen Planeten in diesem Quadranten der Galaxis haben von diesem System keinen Gebrauch gemacht, und sie alle haben keine so große Entwicklung im Pflanzenreich erlebt. Es gibt also eine direkte

Verbindung und eine direkte Wirkung, die wir erkennen und bewundern können. Nun wollen wir uns ein wenig genauer die Art und Weise betrachten, wie die Pflanzen aus dem Channeling-Prozeß Nutzen ziehen. Dazu wollen wir uns zunächst mit dem Licht befassen. Licht entsteht aus einem Austausch von Energie oder von Bewußtseinsebenen, die miteinander kommunizieren. Könnt ihr also verstehen, daß ein Channel, sei es eine Pflanze oder ein Mensch, viel Zugang zu Licht gewinnt, da er bereit ist, Bindeglied zwischen verschiedenen Bewußtseinsebenen zu werden? Denn, um es nochmals zu wiederholen: es ist die Verbindung zwischen unterschiedlichen Bewußtseinsstufen, die Licht erzeugt.

Nochmals: Ob wir von einer Pflanze oder einem physischen Wesen ausgehen, jenes Licht ist nicht ein nebelhaftes Etwas, das wir begrifflich abhandeln, um dann einfach zu sagen: „Oh, das ist angenehm, ich bin froh, daß ich das weiß." Sondern wir können das sehr viel spezifischer benennen: Was wir als Licht bezeichnet haben, ist ein Spezifikum, das eine Ganzheit erzeugt, und jene Ganzheit bedeutet das Ideal oder nähert sich ihm zumindest an. Der Grund dafür ist folgender: Wo Licht erzeugt wird, kannst du es verwenden, um sehen zu können. Das weißt du selbst. Aber nicht nur die Augen brauchen es, um zu sehen. Jeder Teil des Bewußtseins benötigt es zum Sehen, und das schließt jede Zelle, jedes Organ, jedes Fließen — des Blutes, der Energie etc. mit ein: alle benötigen das Licht als Führungssystem, als ein ganz besonderes Funktionsmittel.

Licht ist auch anziehend, es ist magnetisch. Es zieht Bewußtseinseinheiten auf jeder Stufe an. Sie suchen das Licht, weil es eine Schwingung enthält, die es diesem Bewußtseinspartikel ermöglicht, die Ganzheit zu erkennen und an ihr teilzuhaben. Anders gesagt, wo Licht ist, kannst du erkennen, wovon du ein Teil bist und fühlst dich gestützt und ganzheitlich. Im Licht gibt es kein Gefühl von Entfremdung. Das Licht unterstützt den Göttlichen Plan und dein Leben. Das ist auch der Grund dafür, daß viele gern im Familienkreis am offenen Feuer sitzen. Das Feuer, die Wärme und das Licht des Feuers geben ein Gefühl der Harmonie, der Ganzheit, des Miteinanderseins in einer Weise, die ganz real unterstützend und verbindend wirkt. Die Verbindung mit dem Licht und der Wärme des Feuers schafft auch eine Verbindung mit dem, was wir das Ideal nennen können. Das Licht fließt, es fließt durch eine besondere Bewußtseinseinheit hindurch, die das Ideal verkörpert und es so durch das Licht übermittelt. Nehmen wir an, du verbrennst Holz, und dieses Holz hat, spirituell gesehen, Licht gespeichert. Gewiß kannst du auch Teile aus dem Mineralreich verbrennen. Aber viele von euch denken ans Verbrennen von Holz bei der Vorstellung eines offenen Feuers, und es entläßt tatsächlich durch einen Channeling-Vorgang das Licht, das von diesem Mitglied des Pflanzenreiches gespeichert wurde.

Euer Pflanzenreich hat sehr viel Licht erzeugt. Das geschieht, indem eine Bewußtseinseinheit, etwa eine Pflanze oder ein menschliches Wesen, seiner physischen Betrachtungsweise Licht hinzufügt. Dieses Licht hat eine appellative Funktion, es ruft mehr Licht herbei, verschiedene Lichtebenen schließen sich zusammen. Sie werden immer magnetischer, immer elektrischer. Während sich so die Bewußtseinsstufen erhellen, zeigt sich immer deutlicher die elektrische Natur der Existenz. Während die Pflanzen in ihrer innersten Wesenheit mehr und mehr Licht gespeichert haben, ist gleichzeitig ihr Bewußtsein gewachsen. Sie wurden fähig, viel ganzheitlicher und tiefer zu channeln und ihr eigenes göttliches Sein in umfassender Weise zum Ausdruck zu bringen. Nun, vielleicht fragt ihr euch jetzt, wie das vor sich geht. Pflanzen einer bestimmten Spezies bleiben normalerweise nicht lange auf der physischen Ebene. Aber wir müssen euer Pflanzenreich als eine Bewußtseinseinheit betrachten, die sich nicht in einer zeitlichen Reihenfolge ausdrückt. Und ihr Ausdruck hat sehr viele verschiedene Aspekte. Dieser Ausdruck des Pflanzenreiches ist eigentlich ein Fließen. Wir könnten es mit einem Fluß vergleichen. Die Schönheit eines Flusses übersteigt, spirituell gesehen, alles, was ich auf der physischen Ebene gesehen habe. Euer Pflanzenreich ist großartig. Seine ganzheitliche Perspektive hat soviel Licht erzeugt, daß wir es nun, nach der Harmonischen Konvergenz im Sommer 1987, gebeten haben, in eine neue Stufe der Verkörperung einzutreten, um neue Ausdrucksformen auf der physischen Ebene zu erschaffen. Daraufhin gab es eine unmittelbare Reaktion der Pflanzen, dem Boden eures Planeten Erde Licht zuzuführen. Außerdem hat sich die Fähigkeit des Pflanzenreiches, das Mineralreich als seinen Helfer einzusetzen, verstärkt. Es nutzt tatsächlich die Aspekte, die Bestandteile der verschiedenen Erden, wenn du so willst, in einer umfassenderen Art. Warum? Weil mehr Licht durch das System zugeführt wird. Es wird nun sozusagen zugelassen, es fließt herein, und die Erde selbst, die seit der Harmonischen Konvergenz elektrischer geworden ist, arbeitet mit dem Pflanzenreich so eng zusammen wie nie zuvor.

Die Channels, die ihr Pflanzen nennt, sind sehr begeistert über diesen neuen Anfang. Ich wünsche mir, daß ihr im Frühling und Sommer die Veränderungen der Farben beobachtet. Man kann bestimmte Farben sehen, die niemals vorher gesehen wurden, vor allem in den Blau- und Violettönen. Es gibt also eine Möglichkeit wie nie zuvor auf der Erde, mit diesem Teil des Farbenspektrums in Berührung zu kommen. Der Duft ist auch stärker und vielfältiger. Auch das bedeutet wieder, daß man Dinge physisch riechen kann, die man vorher nicht riechen konnte. Das Aroma oder der

Duft hat sich gesteigert. Aber über alle diese Anzeichen hinaus geschieht etwas überaus Wichtiges: Die kommunikative Verbindung zwischen den Pflanzen als Channels und euch als Channels ist weit geöffnet.

Ich will dir nun etwas vorschlagen, und es wird dir sicherlich Spaß machen, das als Channel auszuprobieren. Du mußt dabei wissen, daß auf der spirituellen Ebene gewöhnlich ein Engelwesen da ist, um das, was ich vorschlagen will, zu erleichtern. Wir führen also keinen Channeling-Prozeß ohne einen spirituellen Stimulus oder Ursprung durch. Aber ich möchte dir vorschlagen, dich als Channel dem Pflanzenreich in dem Bewußtsein zu öffnen, daß es eine Verbindung zum Engelreich hat. Und zwar deshalb, weil die Pflanzen auf der physischen Ebene sind und ein Ideal bergen und dieses Ideal hier so mit Energie aufladen können, daß du sie auf diese Weise vielleicht konkreter aufnehmen kannst. Für viele von euch ist es ja manchmal schwierig gewesen, die grundlegende Stufe des Channelns zu erreichen: die Mit-Schöpfer-Stufe, wo das Ideal entspringt. Deswegen gibt es einen Prozeß des Hinabsteigens, eine Verkörperung des Ideals, der für dich gewisse Anhaltspunkte bietet. Ein gutes Beispiel dafür ist deine eigene Seele. Diese stellt gewiß eine angemessene Verkörperung dar, durch die du kommunizieren und etwas verstehen kannst. Die physische Verkörperung des Ideals wird augenblicklich nur vom Pflanzenreich erreicht. Die Pflanzen haben das Ideal gespeichert und haben es ausgezeichnet verstanden, eine Entwicklungsstufe zu erreichen, die sehr umfassend, wenn auch vielleicht noch nicht vollkommen ist. Sie reichen also mit ihrer Fähigkeit, das Ideal zu fühlen, sich mit ihm zu verbinden und es zu übermitteln, weit über die Menschheit hinaus. Wenn du also deinen Kanal öffnest, könntest du versuchen, mit der Essenz des Pflanzenreiches in Verbindung zu kommen. Frage einfach das Pflanzenreich, ob du dich mit ihm verbinden kannst. Am besten stellst du es dir als einen Korridor vor, einen Energiekorridor, durch den dein Kanal hindurchfließen kann. Dieser bewegt sich von deiner physischen Ebene zu der des Pflanzenreiches und verbindet sich dann allgemein mit dem Engelreich. Gewiß kannst du auf der physischen Ebene auch erkennen, daß all das durch die Gegenwart eurer Seele vor sich geht.

Wenn ihr mich nun channeln wollt — und ich weiß, daß ich mit vielen, die diese Lektion lesen, arbeite —, warum wollen wir also nicht die Verbindung mit dem Pflanzenreich ebenso nutzen wie deine eigene? Man könnte sagen, daß so die Möglichkeiten, mich und meine Energien zu erreichen, vergrößert werden. Und zugleich werden wir dadurch eine Verbindung zum Engelreich herstellen. Du wirst eine erweiterte Perspektive gewinnen, die ich für sehr hilfreich halte, hilfreich nicht nur für dich als Channel, sondern auch für die Erde. Um mit mir in Verbindung zu kommen, laß uns doch einfach die folgende Übung machen: Du stellst dir vor, daß dich weiße Energie umgibt, du spürst sie überall um dich herum. Füge dieser weißen Energie, die dich umgibt und in dir ist, die Energie des Pflanzenreichs hinzu, die die Gestalt einer wundervoll schillernden blaugrünen Farbe hat. Füge sie dem Weiß in dem Bewußtsein hinzu, daß sie dich innerlich und äußerlich durchdringt. Fühle dann eine Öffnung zur spirituellen Ebene, die den Zugang zu mir möglich macht, und erlaube dieser Öffnung, deinen Kanal zu stimulieren. Ich denke, daß du über die Ergebnisse erfreut sein wirst.

Wir möchten euch in diesen Lektionen mit einigen Besonderheiten aus der Welt der verschiedenen Reiche der physischen Ebene vertraut machen. Du denkst sicher daran, daß wir eigentlich über den physischen Körper sprechen wollen, und ich werde auch in der nächsten Lektion damit fortfahren. Aber unsere Reise ist breiter angelegt als nur bis zu eurem physischen Körper. Wir wollen viele Besonderheiten hinsichtlich des Channelns und der physischen Ebene betrachten. Von Zeit zu Zeit werde ich also abschweifen, wenn ein wichtiges Ereignis auf eurer Erde das erfordert, oder wenn irgend etwas Spezifisches, das das Verständnis des Channelns vertiefen könnte, mir wichtig erscheint.

Wenn wir das Ideal, das im Pflanzenreich als ein Stimulator gespeichert ist, auf der physischen Ebene als Basis für euer Channeln benutzen, dann müßt ihr euch klar darüber sein, daß dieser Vorgang auch euer eigenes Bewußtsein anregt. Das ist natürlich auch das, was ihr euch wünscht: eine leichte Stimulierung, die dir die Art von Leben erlaubt, die du dir wirklich wünschst, um durch deinen Dienst Licht auf den Planeten zu bringen. Man könnte sagen, daß du in diesem Sinne ein Partner des Pflanzenreichs wirst, mit dem du dich in deinem Kanal vereinst. Zu bestimmen Zeiten, wenn du diese Technik anwendest, kann es wichtig sein, daß du ein Mitglied aus dem Pflanzenreich, mit dem du dich besonders verbunden fühlst, eine Pflanze oder eine Blume, nahe an den Platz stellst, wo du channelst. Du kannst auch neben einem wundervollen Baum channeln, einem Baum, den du besonders liebst. Die Verbindung findet auf der physischen Ebene statt, und wenn ein Mitglied des Pflanzenreichs in der Nähe ist, so kann dies der Stimulierung dieses Ideals auf der physischen Ebene förderlich sein. Dieses Ideal kann dann in deinem Channeling-Prozeß verwendet werden. Denk daran, daß all dies der Stimulierung dient. Wenn die Energie durch deinen Kanal fließt und du spirituell mit meiner Energie in Berührung bist, so habe ich doch festgestellt, daß für einige von euch die Verbindung auf der physischen Ebene nicht umfassend genug ist, um das, was ihr auf der spirituellen Ebene erfahren habt, in eine physische Form zu bringen. Ihr laßt es noch nicht zu. Aus verschiedenen Gründen seid ihr auf der physischen Ebene noch nicht offen genug. Weil nun das Pflanzenreich physisch gesehen so sehr offen ist und das Ideal für den ganzen Planeten beinhaltet, kann eine Verbindung mit den Pflanzen eine viel offenere Perspektive auf der physischen Ebene stimulieren helfen. Sei dir bewußt, was das wirklich bedeutet. Du wirst natürlich nicht nur offener für Worte sein, die durch deinen Kanal fließen, sondern auch für besondere Ausdrucksformen aus dem kreativen Bereich, sei es Tanz, Gesang, Sprache, Schreiben oder eine andere Form der Kommunikation oder auch dafür, in deinem täglichen Leben die Beziehung zum Licht zu verwirklichen. Das wird neue Fähigkeiten in solchen Bereichen stimulieren und erzeugen. Neue Möglichkeiten zeigen sich oder werden belebt.

Allerdings fällt dir die Gelegenheit häufig gar nicht auf, wenn sie an deine Türe klopft und sagt: „Hier bin ich, deine goldene Gelegenheit!" Die Gelegenheit kommt vielleicht eher wie die Spitze eines Eisbergs. Du siehst sie nicht immer gleich. Das Ziel ist also, die Verbindung mit dem Pflanzenreich herzustellen, damit durch dein Channeln Öffnungen entstehen und du dir bewußt wirst, daß bestimmte Gelegenheiten durch diese Verbindungen mit Energie geladen werden. Nun will ich damit nicht sagen, daß du sofort, wenn sich eine Gelegenheit zeigt, sie auch ergreifen sollst. Du mußt auf jeden Fall dein Unterscheidungsvermögen einsetzen und erkennen, ob es eine Gelegenheit ist, die du dir wünschst. Aber verschließe dich andererseits auch nicht gleich einer solchen Gelegenheit. Häufig können diese Gelegenheiten dir helfen, ein sehr viel klareres Leben als bisher zu führen. Und wir können vielleicht auch sagen, daß wir dem Emotionalkörper ein Gefühl von Lebendigkeit wie nie zuvor vermitteln.

Das bedeutet, daß die ideale Energie eine Energiestruktur

hat, die deine Fähigkeiten, dein Leben selbst zu erschaffen, unterstützt. Auf diese Weise kann dein Emotionalkörper fühlen, daß es tatsächlich eine Struktur gibt. Das hat er vorher nicht gewußt und auch nicht gefühlt. Warum? Weil du ihr nicht erlaubt hast, auf die physische Ebene zu kommen. Aber wenn du mit dem Pflanzenreich Verbindung aufnimmst, kann dein Emotionalkörper fühlen, daß es eine Energiestruktur gibt, die für ihn selbst ideal ist, und er wird darauf reagieren. Zwar wird er nur allmählich eine Reaktion zeigen, aber er wird es tun. Du wirst dich sicherer in deiner Kreativität fühlen, eher bereit, bestimmte Gelegenheiten zu nützen, da du weißt, daß du mit ihnen umgehen kannst, daß das Ideal da ist, auch wenn du bisher nur einen schwachen Schimmer davon wahrgenommen hast. Das Ideal ist da, und du kannst seine unterstützende Kraft in deinem Selbst fühlen. Wichtig ist vor allem, daß es zur physischen Ebene kommt, daß du es wahrnehmen und sozusagen als kreative Verbindung zu deinem Bemühen nutzen kannst, in deinem Leben einen neuen Anfang zu machen, der andere Antworten zuläßt. Jene Antwort kann in einem kreativen Sinn eine viel größere Vision sein, als was das Leben dir bedeutet. Channeling verbindet immer mit einer kreativeren Perspektive. Durch Channeln bekommst du eine Ahnung davon. Es zeigt dir, was möglich ist, aber du mußt es auch auf der physischen Ebene ergreifen. Man muß es der physischen Ebene möglich machen, diese weitere Perspektive anzunehmen, und damit der Emotionalkörper das zuläßt, muß er ein Gefühl struktureller Unterstützung haben. Häufig läßt deine Kreativität nach, weil du emotional keine Unterstützung für deine kreativen Bemühungen erlebst. So beginnst du durch andere Menschen oder andere Reiche zu erfahren, daß das Mittel, deine Kreativität zu erweitern, darin besteht, eure kreativen Bemühungen zu vereinen. Das Pflanzenreich zeigt dir zum Beispiel durch seine Kraft die Verkörperung des Ideals auf der physischen Ebene. Du kannst das begreifen, wenn du dich durch deinen Kanal mit ihm verbindest. Ja, das ist eine Channeling-Verbindung. Du kannst es auch intuitiv oder psychisch nennen, aber aus meiner Sicht ist es eine Verbindung, eine Energieverbindung — was Channeln bedeutet.

Ich habe mit dem Pflanzenreich gesprochen, bevor ich dieses Material vorgelegt habe, da ich weiß, daß sehr viele Channels das lesen werden. Als ich es fragte, ob es bereit sei, auf diese Art und Weise mit menschlichen Channels verbunden zu werden, war seine Antwort ein enthusiastisches „Ja". Wir können das so erklären: Die Gruppenseele eures Pflanzenreiches ist sehr enthusiastisch über diesen Kontakt mit Channels. Sie weiß natürlich, wie hilfreich er für die Erde sein wird und daß jedesmal, wenn Formen des Bewußtseins sich in schöpferischer Weise vereinen, der Evolutionsprozeß eine gewaltige Expansion erfährt — eine Woge, ein Feuer, eine Explosion von Kreativität bricht hervor. Durch diese Verbindung vieler Channels mit dem Pflanzenreich wird eine Menge Elektrizität erzeugt. Und ich weiß, daß die Erde und jeder von euch aus dieser Verbindung Nutzen ziehen wird.

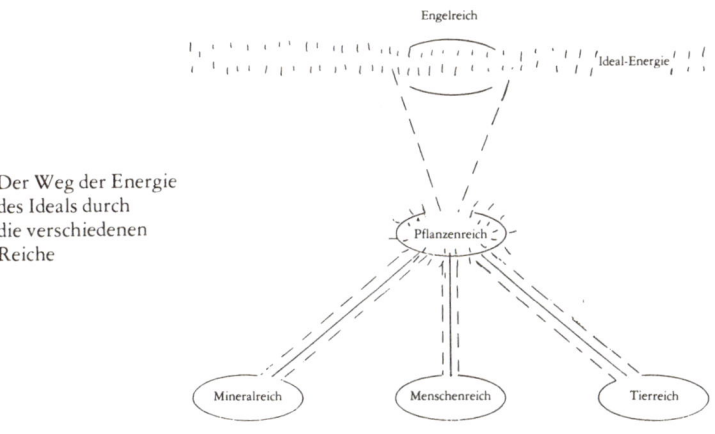

Der Weg der Energie des Ideals durch die verschiedenen Reiche

MEDITATION

Sieh dich selbst im Gras sitzen, umgeben von vielen wundervollen Pflanzen, Blumen, Farnen, Pflanzen jeder Art und
Größe. Auch herrliche Bäume und Weinreben sind da. Du
bist buchstäblich in dem schönsten Garten, den du dir
vorstellen kannst. Du sitzt angelehnt an einen wundervollen Baum, den du dir nach Belieben vorstellen kannst. Du
fühlst dich mit diesem Baum und dem Gras körperlich
verbunden. Wenn du deine Hand ausstreckst, berührst du
einige Blumen und die Weinreben. Das Pflanzenreich
umgibt dich ganz. Laß in deinem Herzen eine goldene
Energie entstehen, die von dort nach außen zu strahlen
beginnt. Sie strahlt in einem Winkel von 360 Grad, strahlt
dann hinter dich in den Baum hinein, vor dich, an den Seiten
entlang und hinunter zu anderen Mitgliedern des Pflanzenreiches, bevor sie wieder zum Universum geht. Während
dieses Strahlen stattfindet, beginne eine Schwingung zu
spüren. Du verbindest dich durch dein eigenes goldenes
Herz-Strahlen mit dem Schwingungsfluß des Pflanzenreiches.

Wenn du es zuläßt, kannst du fühlen, wie der Herzschlag
oder der Rhythmus des Pflanzenreiches sich zu deinem
Herzrhythmus gesellt. Fühle so stark du kannst dieses
wechselseitige Fließen. Dein Herz strahlt seine goldene
Energie aus. Ein Kontakt mit dem Pflanzenreich und durch
dieses mit dem Universum entsteht, und dann kommt der
Energie-Response wieder zurück in dein Herz und damit
natürlich in deine gesamte physische Struktur. Dieser Vorgang ist von einem sehr freudigen Rhythmus begleitet.
Vielleicht hast du sogar Lust zu tanzen. Eine Welle von
Freude geht durch deinen Körper. Du möchtest aufsprin-
gen und tanzen. Vielleicht solltest du das auch tun, wenn du
die Meditation beendet hast. Fühle diese Verbindung.

Tue dies so lange, bis es dir ganz leicht fällt. Wenn alles in dir frei strömt, bewege dich ruhig während der Meditation. Wenn ihr den Ablauf kennt, muß es keine Meditation im Sitzen mehr sein. Sieh dich selbst zunächst in der Verbindung mit dem Baum und konzentriere dich die ersten Male darauf. Dann schicke die Energie einfach ins Pflanzenreich. Empfange sie wieder als nächsten Schritt, als nächste Stufe deiner Beziehung zum Pflanzenreich. Die Freude, die durch diese schwingungsreiche Berührung entsteht, kannst du dann durch Bewegungen ausdrücken. Bewege deinen Körper, tanze in dem Rhythmus deiner Begegnung. Denke daran, daß du dich mit dem Ideal verbindest. So wird dein physischer Körper auf die Schwingungshöhe deines Ideals antworten. Mache diese Meditation, bis du zur nächsten Lektion übergehst, bzw. bis du sie ganz leicht ausführen kannst.

Ich danke euch und sende euch heute meine besondere Liebe.

In Liebe, Vywamus

Lektion 11

Der Vorgang des Channelns — sieht man ihn im vollsten Sinne und von seinem Konzept her — stellt den Austausch der spirituellen Welt mit einer Bewußtseinsebene dar, die dichter und in ihren Schwingungen weniger fein ist. Das bedeutet also, wie ihr wißt, daß das Channeling auch dann Teil der spirituellen Gemeinschaft ist, wenn es sich nicht auf die physische Welt bezieht.

Unsere Lektionen über die Kunst des Channelns haben sich mit den Auswirkungen des Channelns auf die physische Ebene, vor allem die physische Struktur, genauer, das endokrine System, befaßt, und ich werde in späteren Lektionen darüber noch mehr zu sagen haben. Hier in dieser Lektion jedoch wollen wir uns mit der Frage beschäftigen, wie sich der Channeling-Vorgang auf die Evolution als solche auswirkt, etwa im Hinblick auf eine integriertere Betrachtungsweise, einen einheitlicheren „Raum", wenn du so willst. Als sich unsere Quelle manifestierte, stellte sich ein Schwingungsrhythmus ein. Durch diesen Rhythmus entdeckte die Quelle die sich entwickelnde Sicht, die wir Evolution nennen. In diesem Rhythmus lag ein Drang zu umfassender Erforschung der Dinge. Ich will das ein wenig näher erklären. Die Quelle begann zu schwingen, und das bedeutet Schöpfung/Manifestation. Nicht nur eine Schwingung wurde erforscht, sondern alle nur möglichen Schwingungen werden erforscht. Sie werden jedoch in einem ganz bestimmten konzeptuellen Rahmen erforscht, den ich den „Kosmischen Tag" genannt habe. Für dieses besondere kosmische Ereignis, das Kosmischer Tag genannt wird, gibt es immer ein bestimmtes Thema. Gegenwärtig heißt das Thema „Mut". Von der Schwingung her gesehen ist es so, wie wenn man einen Stein in einen Teich wirft. Dabei entstehen kreisförmige Wellen von Schwingungen, die zu Evolutionspunkten werden, die anzeigen, was klar oder licht ist. Wenn die Schwingung den Rahmen oder die Richtlinien des Systems erreicht, fließt sie wieder zurück ins Zentrum.

Ich will dir diesen Vorgang in einem Diagramm auf S. 157 verdeutlichen. Dort siehst du einen Kreis. Ein „X" deutet den Beginn der Schöpfung, den Manifestationspunkt, an. Die Pfeile zeigen die nach außen strömende Schwingung. Wenn sie den Rahmen des Kosmischen Tages berührt, kommt von dort ein Schwingungsresponse, eine Art Spiegelung, wenn du so willst, die eine Umkehr der Schwingungsrichtung zurück zum Zentrum bewirkt. Diesen Vorgang kannst du im zweiten Diagramm erkennen. Wenn nun der Stimulus wieder an den Ort seines Ursprungs zurückkehrt, beginnt seine Evolution. Das geschieht natürlich nicht in einer zeitlichen Reihenfolge. Es ist ein simultaner Prozeß des Hinaus- und Hineinströmens, und auf diese Weise wird der Ursprungspunkt stimuliert und kann sich entwickeln.

Ich spreche das alles hier an, weil die physische Existenz, wie viele von euch wissen, eine Spiegelung der kosmischen Vorgänge ist. So wird die Evolution tatsächlich gechannelt oder von der Ebene der Quelle hinaus bis zum Rahmen gebracht, den wir in diesem Fall physische Existenz nennen wollen. Diese reflektiert dann die Schwingungen, so daß der Ursprungspunkt, der Punkt, wo sich die Quelle zum ersten Mal manifestiert hat, das Konzept entwickelt. Es wird also nun klar, daß Channeling einfach ein Kontaktpunkt ist, der ein Konzept oder einen Rahmen berührt, der wiederum das zurückspiegelt, was durch den Kontakt stimuliert wurde. Betrachte nochmals das Diagramm. Ein Stimulus in der Mitte sendet eine Schwingung nach außen an den Rahmen, der für ihn gesetzt wurde (d.h. die physische Existenz reflektiert diesen Rahmen). Der Stimulus oder Channel oder der kommunikative Verbindungspunkt gibt die Schwingungen dann zurück. Es ist hier wichtig, das gesamte Konzept zu erkennen, d.h. zu sehen, daß viele verschiedene Betrachtungsweisen zurückgespiegelt werden. Du kannst im Kreis viele Pfeile erkennen, nicht nur einen. Alle Teile können so durch eine Verbindung und Stimulierung durch Schwingungen kommunizieren, lernen, sich entwickeln. Sie werden stimuliert, so daß sie dem Zentrum antworten oder es zurückspiegeln können. Damit will ich euch klarmachen, daß der Channeling-Prozeß das Mittel ist, mit dem über eine kommunikative Verbindung eine Stimulierung stattfindet, die wiederum über Schwingungen eine deutlichere Perspektive zurückwirft. Diese wiederum bewirkt die Evolution des Ganzen. Licht ist das Ergebnis von Kommunikation. Das bedeutet, daß auch der Impuls, der vom Zentrum ausgeht, von Licht getragen wird. Licht wird also vom Stimulus des Kontaktpunktes erzeugt (siehe das Diagramm Nummer 1). In einer beständigen Lichtströmung reagieren die vielen Punkte auf den Stimulus (siehe das Diagramm Nummer 2). Sie erzeugen wiederum mehr Licht, wenn die Schwingung zum Kern zurückkehrt. Der Channeling-Vorgang bedeutet also eine Art Licht-Beförderung, die umso mehr Licht erzeugt, je mehr Stufen miteinander kommunizieren und je mehr Stimulierung erfolgt, die eine integrierte Lösung möglich macht. Ich will damit sagen, daß zunächst der Kern da ist, dann ein Hinaus-streben zu allen Punkten und dann wiederum das Zurückziehen der Schwingungen in den Kern hinein. Das ist der Rhythmus der Existenz und die physische Existenz stellt den Punkt dar, zu dem das Licht weit und reich geflossen ist, um sie zu einem Spiegel zu machen, der eine integrierende und zweifelsohne hellere Perspektive wieder zum Kern zurückreflektiert. Licht ist also das Ergebnis eines Integrationsprozesses, eines Assimilationsvorgangs und der Verbindung von Punkten durch Kommunikation.

Du kommst als Channel also mit einem spirituellen Kern in Kontakt. Es spielt im Moment dabei keine Rolle, ob das deine eigene Seele, ein bestimmter Lehrer oder aber eine Kombination aus beiden ist. Was sich dabei ereignet, ist ein schwingungsmäßiger Kontakt mit dem Kern, der durch diese Stimulierung wiederum eine Schwingung zurücksendet, die viele Punkte, viele Ideen, viele Bereiche integriert und in einer Weise zusammenfügt, daß sich das ursprüngliche Konzept durch diesen Rückfluß weiterentwickelt. Es ist wichtig, die Strömung des Kanals zu erkennen. Ich möchte hier wiederholen: Man kann im Prozeß des Channelns nicht an einem statischen Punkt verweilen. Man muß sich entwickeln. Wenn das nicht geschieht, findet eine Art „Austrocknung" des Kanals statt. Ich will damit sagen, daß du durch deinen Kanal einen Kontaktpunkt mit einer bestimmten Frequenz erkennst. Du bringst das, was dir zugänglich ist, ins Bewußtsein, in eine physische Form, die es wieder verstreut (denke an das Diagramm Nr. 1), so daß es sich entwickeln kann. Damit sich der evolutionäre Prozeß über deinen Kanal fortsetzen kann, läßt du deinen Kanal bis zu einem anderen Schwingungskontakt strömen und sich entwickeln, so daß er von dort aus weiterfließt und jenen Punkt auf der physischen Ebene noch mehr stimuliert. Du mußt dir dabei vergegenwärtigen, daß dein Kanal durch dein Bewußtsein fließt. Dein Bewußtsein enthält diesen Strom, den wir als deinen Kanal bezeichnen können. Wenn es in deinem Selbst Bereiche gibt, in denen du gefangen, festgefahren oder voller Widerstände bist, dann ist es notwendig, daß du jene Bereiche klärst, um erneut zu dem Kern deiner Channeling-Verbindung vorzudringen, damit die Energie von diesem Kern her wieder frei fließen kann.

Bitte mißverstehe mich nicht. Natürlich entwickelt sich der Kern selbst auch, während du dich individuell entwickelst. Und ich sage auch nicht, daß du alles, was man vom Kern empfangen kann, durch einen einzigen Kontakt erhältst. Das ist ganz und gar nicht meine Ansicht. Laß es uns einmal so anschauen: Wenn du in eine Gemäldeausstellung gehst und gerade erst mit deinem Studium begonnen hast, kannst du ein Bild eines der großen Meister betrachten und viel Gewinn daraus ziehen. Du stehst, betrachtest das Bild und nimmst soviel auf, wie du es vermagst. Du fühlst dich ganz erfüllt. Du weißt, daß du aus dieser Begegnung etwas gewonnen hast. Es kommt aber der Augenblick, wo es dir nichts mehr bringt, wenn du noch bleibst, um das Meisterwerk weiter anzuschauen. Du hast nämlich all das erfaßt, was dir zu diesem Zeitpunkt möglich war. Du brauchst nun Zeit, um es zu assimilieren und dein Verständnis weiterzuentwickeln, damit du aus der nächsten Begegnung mehr Gewinn ziehen kannst. In Wahrheit wird dieses besondere Meisterwerk auch wachsen und sich entwickeln, weil alles wächst und sich entwickelt. Was aber wichtiger dabei ist, ist, daß du dich entwickelst und so bei jeder Betrachtung des Meisterwerks einen klareren Blick hast, so daß du immer besser siehst, was es in Wahrheit bedeutet. Auf diese Weise machst du beim Channeln einen Kontakt mit dem Spirituellen. In diese Begegnung legst du all das hinein, zu dem du bei diesem einen Mal fähig bist. Bis zur nächsten Begegnung ist es wichtig, dein Bewußtsein weiterzuentwickeln, durch diesen ersten Kontakt weiter zu wachsen, so daß du bei der nächsten Begegnung mit dem spirituellen Meisterwerk einen besseren Blick hast, um es zu betrachten. Wichtig dabei ist, daß die Bewegung nach innen und außen fließt. Du strengst dich an, damit dein Bewußtsein in diese Begegung mit dem spirituellen Wesenskern hineinfließt. Dann gibt es eine Antwort. Du öffnest dich dieser Antwort. Und dann gibt es in dir auf der physischen Stufe eine Öffnung, die einen vielfachen Stimulus erhält.

Schauen wir uns noch einmal das Diagramm Nr. 1 an. Wenn ihr auf der physischen Ebene diese Botschaft erhaltet, regt ihr in vielfältiger Weise diesen ganzen Kreislauf an. Wenn es Bereiche in euch gibt, die blockiert oder voller Widerstände sind, dann müssen die Teile von euch, die klarer sind und die man als eure Stärken bezeichnen kann, mit diesen festgefahrenen Persönlichkeitsaspekten kommunizieren, um ihnen zur Integration zu verhelfen. Das ist für die Begegnung mit dem Wesenskern wichtig; damit du diesem in größerer Klarheit begegnen kannst und nicht von jenen Widerständen aus dem Gleichgewicht geworfen wirst. Nun hat aber ein dem Körper verhafteter Widerstand eine sehr schwere widerstrebende Tendenz. Das Wesen physischer Existenz ist ja gerade durch einen langsamen Schwingungsrhythmus gekennzeichnet. Deshalb ist es wichtig, mit diesen Widerstandspunkten in euch umgehen zu lernen. Ein gutes Beispiel dafür ist der Emotionalkörper.

Ich habe die Absicht, später in dieser Serie ziemlich ausführlich auf den Emotionalkörper einzugehen, aber zu diesem Zeitpunkt haben viele von euch noch nicht gelernt, die Emotionen ins Gleichgewicht zu bringen. Viele machen aber in dieser Hinsicht sehr gute Fortschritte. Seit der Harmonischen Konvergenz seid ihr alle viel klarer geworden, weil euer Planet klarer geworden ist. Wir werden bald über diese klarere Sicht des Planeten sprechen und sehen, was für eine Auswirkung das auf euer Channeln hat. Euer Emotionalkörper antwortet auf den Stimulus. Wenn du deine Emotionen ziemlich oft zum Ausdruck gebracht hast, wird die Strömung, der Stimulus, ziemlich ausgedehnt sein. Wenn du jedoch deinen Emotionalkörper eingegraben hast, etwa in der irrigen Annahme, daß Emotionen zumeist etwas Negatives seien oder vor allem den Mentalkörper in unerwünschter Weise bedrängen, dann gibt es ein ziemlich starkes Segment in dir, das dich an dem Versuch, eine klarere Sicht zu gewinnen, hindert, weil der Stimulus da nicht hindurchfließen kann. Ich spreche hier vor allem zu denen, die sich selbst als ziemlich mental orientiert einschätzen.

Diejenigen, die schon ziemlich emotional sind, schießen möglicherweise ein wenig über das Ziel hinaus, und was ich jetzt sage, ist deshalb sehr wichtig für euch. Wenn du das bist, was wir einen emotionalen Menschen nennen, so solltest du jetzt besonders gut aufpassen. Dein Emotionalkörper ist ganz begierig darauf, sich zu entwickeln, und in seiner Führungsrolle, die er bei dir spielt, kann er vielleicht den Punkt, an dem der spirituelle Kontakt stattfindet, zu stark ausdehnen. Ich will das noch etwas genauer erklären, weil das wichtig zu verstehen ist. Die meisten von euch erkennen es, wenn sie auf ihrem Entwicklungsweg einen Schritt weitergekommen sind. Das mag vielleicht schon das zehntausendste Mal gewesen sein; aber du erkennst dein Potential immer nur schrittweise. Vielleicht kannst du aber schon die nächsten Schritte vorhersehen. Du hast also in deinem Bewußtsein ein Verständnis für die nächsten fünf oder sechs wichtigen Schritte in deiner Evolution gewonnen. Darüber hinaus können die meisten von euch die eigene Realität nicht wahrnehmen. Sicher können einige von euch, die die begriffliche Welt schätzen, erkennen, daß sich hinter diesen wenigen nächsten Schritten ein Evolutionsprozeß vollzieht. Aber du hast noch nicht dein persönliches Unterstützungssystem oder deine Struktur entwickelt, wenn du jene fünf oder sechs Schritte zu gehen beginnst. Emotional magst du sehr enthusiastisch sein, und deine Gefühle drängen und springen über den Punkt hinaus, an dem du gerade die Struktur für dein Selbstverständnis aufbaust. Hier wird die Sache nun sehr interessant. Du kommst emotional mit etwas Neuem, Umfassenden in Berührung, und dann suchst du, unbewußt oder kreativ, nach einem System, das diese Erfahrung stützt oder untermauert. Weil du aber in deinem bewußten Verständnis dieses Stützungssystem noch nicht aufgebaut hast, fällt der Emotionalkörper wieder ein wenig zurück, bis an den Punkt, wo du in deinem Entwicklungsprozeß mit dem Aufbau eines solchen Stützsystems begonnen hast. Wir wollen das den Punkt sechs nennen.

Siehst du, in meiner Analogie bist du im Augenblick auf der Erde bei Punkt eins. Bei den wenigen nächsten Schritten, die du schon für deine Entwicklung voraus gesehen hast, braucht dein Emotionalkörper ein System, das den Energiefluß unterstützt. Und er benötigt eines, das du bewußt erkennst. Es gibt natürlich ein Stützungssystem. Alles ist da für dich, aber du mußt es natürlich erkennen und in kreativer Weise prüfen — also es nicht nur wahrnehmen, sondern auf seine Gültigkeit hin überprüfen, es realisieren. Vor allem aber mußt du verstehen, daß es für dich bereitsteht. Auf diese Weise entwickelt sich die Struktur in dir. Wenn du mit deinen Gefühlen zu weit vorpreschst, fällt der Emotionalkörper zu dem nächsten Punkt zurück, an dem die Struktur bewußt erkannt wurde. Aber statt zu sehen, daß dies ein wundervoller Punkt ist, auf den du und deine Entwicklung sich hinbewegen, fühlt sich der Emotionalkörper festgefahren, eingesperrt und enttäuscht, weil er in seinem Überschwang nicht die stützende Struktur fand, die er suchte.

Ich will euch hier ein Beispiel geben. Du kommst in eine neue Stadt. Aber der größte Teil dieser Stadt existiert bis jetzt nur im Entwurf. Mit anderen Worten: Es ist noch wenig gebaut worden. Aber du weißt, daß du dorthin gehst, und du bist gekommen, um zu sehen, wo du gerne leben würdest. Du bist gekommen, um zu sehen, wie die Gemeinde sein wird, und du versteht soviel davon, wie du es kannst. Der Bauherr sagt zu dir: „Ich habe die architektonischen Entwürfe für die gesamte Stadt. Willst du sie dir ansehen?" Du schaust sie an, und sie gefallen dir. Du hast allerdings keinerlei architektonische Kenntnisse. Er sagt zu dir: „Ich habe auch ein Modell von der Stadt. Willst du das auch sehen?" Und du sagst: „O ja, das möchte ich sehr gern." Wenn du nun zu der Stelle kommst, wo das Stadtmodell aufgebaut wird, siehst du, daß es nicht vollständig ist. Es gibt noch unfertige Bereiche im Modell. Wiederum — im architektonischen Plan sind alle diese Stellen gezeichnet und zeigen, wie es einmal aussehen wird. Aber sogar im Modell ist noch nicht alles aufgebaut. Aber schon von dem, was du siehst, bist du entzückt. Du siehst einige Häuser, die sehr schön sind. Du siehst die Gemeindezentren und die Parks. Alles ist von vollkommener Schönheit. Aber es ist vielleicht nur halb vollendet. Die Gegend, wo du wohnen wirst, ist noch nicht im Modell erstellt, aber es wird gerade daran gearbeitet. Der Architekt kommt und sagt: „Wir wollen uns zusammen dieses Haus vorstellen. Ich werde dir zeigen, wie es aussieht." Während er dir die Einzelheiten zu erklären beginnt, verstehst du Schritt für Schritt, wie dieses Modell aussehen wird. Du bist ganz begeistert, wie das Modell nun so vollkommen vor deinem inneren Auge ersteht. Deine Begeisterung überbrückt an diesem Punkt jeden Zwiespalt oder Vorbehalt, der dich am Kauf eines Hauses in dieser Gemeinde hindern würde. Und du sagst vielleicht begeistert „Ja! ja! ja!" und kaufst eines dieser Eigenheime. Nun gehst du nach Hause und denkst darüber nach, und während die Begeisterung ein wenig abebbt, meldet sich die Ratio zu Wort, und du sagst zu dir: „Oh, mein Gott, was habe ich da getan! Ich weiß ja gar nicht genau, wie es aussehen wird. Ich habe es ja noch nicht gesehen." Nehmen wir an, du gehst wieder zurück. Inzwischen ist das Modell schon weiter gediehen. Es ist zwar noch immer nicht ganz fertig, aber du gehst jetzt hinein. Nun kommt deine Begeisterung nicht ganz so feurig zurück wie vorher. Denn jetzt achtest du auf einige Realitäten, die das Modell für dich beinhaltet. Du siehst vielleicht jetzt, daß das Haus zwar geräumig, aber doch kein Palast ist. Du siehst manches, was dir vorher nicht aufgefallen ist, und zwar nicht unbedingt in negativer Weise. Aber es wird dir in praktischer Weise bewußt, was du zu diesem Zeitpunkt auf der physischen Ebene erwerben kannst, das deinen Bedürfnissen entspricht und angemessen für dein Leben ist. So verbindet sich deine Begeisterung mit den praktischen Dingen des Lebens und damit vielleicht im wahrsten Sinne mit dem, was du eigentlich mit deinem Leben anfangen willst. Wir nennen das den Bereich des Sich-Verpflichtens.

Kommen wir nun zu dem zurück, was wir zuvor gesagt haben. Damit sich dein Emotionalkörper nicht festgefahren oder eingesperrt fühlt, muß er Teil der integrierten Aspekte deines Selbst werden, die das Leben in einer umfassenden Weise angehen, in der du sowohl von jedem Winkel aus erkennst, was du erschaffen willst, aber gleichzeitig auch siehst, was du zu diesem Zeitpunkt erschaffen kannst. Denke daran, daß ich hier nicht behaupte, du seist begrenzt. Tatsache ist, daß ich, Vywamus, der erste bin, der dir sagt, du bist unbegrenzt! Ich will dich nur darauf hinweisen, daß es notwendig ist, dich so, wie du bist, in integrierter Weise anzunehmen. Akzeptiere deine Entwicklung, wo immer sie sich befindet und wisse, daß du dich mit dieser Entscheidung schon in den nächsten fünf Sekunden verändern oder über diese Sicht hinauswachsen kannst. Aber Channeling stellt nur eine Verbindung zu einer Bewußtseinsebene her, die aus dem Ursprung heraus eine Voraussetzung für deine Entwicklung schafft, so daß du deine eigene unbegrenzte Existenz vollkommener erfahren kannst. Die physische

Existenz wurde nicht zufällig erschaffen. Sie besitzt ein ganz besonderes Spektrum spezifischer Schwingungen, die jene grundlegenden Bereiche und Merkmale stimuliert, die du für ein klareres Verständnis brauchst. Das erste und wichtigste davon ist das Herz oder der Bereich der Liebe. Alle diese Herzqualitäten wie Offenheit, Empfänglichkeit, Vertrauen, wahre Demut, bedingungslose Liebe etc. kannst du über deinen Kanal erreichen. Du kannst davon so viel aufnehmen, wie du zu diesem Zeitpunkt fähig bist, und dann in einem integrativen Prozeß dein Verständnis in diesem Bereich weiterentwickeln. So bringt dir dein Channeln dein Kernthema nahe, das du zu lernen hast und dessen Verständnis du vertiefen sollst. Es gibt vielleicht für deine Evolution kein praktischeres Werkzeug als die Entwicklung deiner Fähigkeiten zu channeln. Es gibt natürlich viele Arten zu channeln, und jede hat ihren Vorzug. Jede Art hat einen Aspekt, der dir hilft, die umfassende Natur deines unbegrenzten und entwicklungsfähigen Wesens zu verstehen. Du bist die Quelle. Aber in dem Maße, wie du dein Wissen über deine göttliche Natur vertiefst, wird dein Kanal und all das, was du durch ihn übermittelst, dein Bewußtsein davon spiegeln, was möglich und was wirklich ist.

Deine Realität ist also die Kontaktstelle für den Kanal. Beim Channeln schätzt du von hier aus die Realität ein, aber nicht in beschränkendem Sinne, sondern als Bezugspunkt. Dies ist einerseits ein innerer Vorgang, aber in dem Maße, wie du anderen mit deinem Channeln zu helfen bereit bist, auch ein äußerer. Wenn du erkennst, daß die gechannelte Botschaft auch immer etwas übermittelt, was deine Integration und damit dein Bewußtsein fördert, wirst du daraus Nutzen ziehen, wenn du den Vorgang bewußt erlebst und in kreativer Weise geschehen läßt. Oft dauert es eine gewisse Zeit, bis man genügend Widerstandspunkte in verschiede-

nen Bereichen aufgelöst hat, so daß die Integrationsmög-
lichkeiten entdeckt oder bewußt wahrgenommen werden
können. Und durch diese Integration kann sich deine eigene
Wahrheit entfalten und entwickeln.

Ich möchte jeden, der das Channeln ernst nimmt, ermuntern, Techniken anzuwenden, die die inneren Widerstände
auflösen und der Integration dienen. Es gibt viele Techniken, um Blockierungen zu lösen. Es gibt aber noch zu wenig,
die die Integration fördern. In unserer Stiftung sind jetzt
einige Integrationstechniken entwickelt worden, und in
Zukunft wird es noch mehr davon geben. Ich möchte ein
ganzes Paket solcher Techniken zusammenstellen, und
wenn ihr daran interessiert seid, solltet ihr der Stiftung
schreiben und euch auf die Liste derer setzen lassen, die
dieses Material erhalten, wenn es fertiggestellt ist. Ihr müßt
nämlich verstehen, daß eure integrativen Fähigkeiten
sowohl der Schlüssel für eure Entwicklung wie auch für ein
klareres Channeln sind. Wenn eine Botschaft nicht gut
integriert wird, bleibt ein Gefühl der Verwirrung zurück,
weil die eigene Erkenntnis keine Schlüsse zieht. Wenn du
noch nicht gelernt hast, Erfahrungen zu integrieren, wird
sich das beim Channeln zeigen. Denk daran, daß die Botschaft über dein Bewußtsein vermittelt wird. Die Fähigkeiten, die du besitzt, spiegeln sich beim Channeln. Was du
noch nicht gelernt hast, spiegelt sich nicht. In diesen Bereichen kannst du dein Verständnis noch weiter entwickeln.
Und das gilt besonders für deine Integrationsfähigkeiten.
Wenn du wissen willst, wie groß deine Integrationsfähigkeit ist, kannst du dich selbst prüfen, indem du drei oder vier
Begriffe zusammenzubringen versuchst. Ich will dir hierfür
eine besondere Übung geben, die dir vermutlich helfen
wird. Versuche, mit deinem Verständnis folgende Begriffe
zu integrieren: Liebe, Struktur, Anpassung und Fließen.
Bilde einen oder zwei Sätze, in denen diese Worte vorkom-

men und zusammenpassen. Wenn du das einmal getan hast, versuche es noch einmal in anderer Form. Versuche es auf vier verschiedene Arten. Daran kannst du erkennen, wie umfassend du dein integratives Talent einsetzen kannst, um diese Wortbegriffe miteinander zu verschmelzen.

Denk daran, daß wir beim Channeln ein Team sind. Aber jedes Mitglied im Team hat bestimmte Aufgaben, und wie ich schon auf verschiedene Weise gesagt habe, liegt deine Aufgabe im physischen Bereich. Je klarer dein Bewußtsein aus der Sicht der physischen Ebene ist, desto umfassender und hilfreicher für andere wird dein Channeln sein. Vielleicht kennst du jemanden, der deiner Meinung nach ein sehr klarer Übermittler ist. In dieser klaren Übertragung liegt eine spirituelle Reinheit, die aus der Fähigkeit kommt, den Ursprung zu integrieren oder zusammenzuführen. Es ist dieser umfassende Kontakt mit dem Ursprung, den wir spirituelle Reinheit nennen. Sie ist nicht vermengt mit Aspekten, die noch nicht integriert sind oder die Stimulierung dieses Ursprungs verhindern. Ich sage nicht, daß jeder Kanal, der klar ist, nichts mehr zu lernen oder seine Entwicklung abgeschlossen hat. Natürlich trifft das nicht zu. Aber die Botschaft eines Kanals, der klar ist und dieses Merkmal spiritueller Reinheit in seinem umfassenden Kontakt mit dem Ursprung zeigt, läßt erkennen, wie wahrhaft großartig dieser göttliche Ursprung ist. In dem Maße, wie du selbst also diesen Kontakt zu dem schöpferischen Ursprung entwickelst, wirst du und auch die andern die Herrlichkeit und den strahlenden Punkt erkennen, den wir die manifestierte Quelle nennen. Diesen schöpferischen und strahlenden Ursprung kannst du hier in deinem Leben auf der Erde fortschreitend durch Channeln verwirklichen. Wenn du es zuläßt, findet eine immer lichtvollere Reaktion in dir statt. Diese erleuchtende Wirkung kommt aus deiner Fähigkeit, den Ursprung als das zu offenbaren, was du selbst bist, und aus deiner Bereitschaft, die Vorstellungen und Widerstände aufzulösen, die dich davon abhalten, diese schöpferische Verbindung mit dem Ursprung zu sehen. Die Kluft, die dich von deinem Ursprung trennt, wird durch den Vorgang des Channelns überbrückt. Es ist hier natürlich wichtig zu erkennen, daß in diesem Sinne eigentlich jeder channelt. Einige tun es vielleicht nicht für andere, aber jeder channelt für sich selbst und für die Erde. Das läßt sich gar nicht vermeiden, denn es ist Teil des schöpferischen Prozesses, der Verbindungen, über die ich vorher in dieser Lektion gesprochen habe. Channeln bedeutet Kommunikation, hier vor allem den Austausch der spirituellen mit der physischen Ebene. Ich danke euch.

Aus- und einströmende Schwingungen,
die von einem Manifestationspunkt ausgehen.

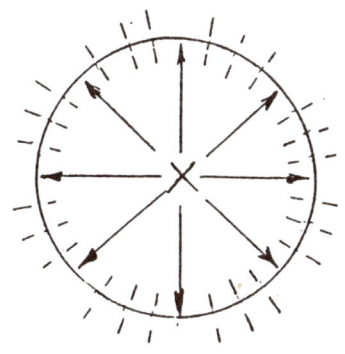

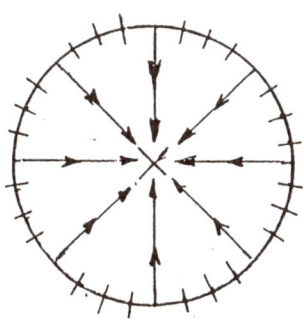

Diagramm 1   Diagramm 2

MEDITATION

Stelle dich in die Mitte eines großen Kreises. Dabei umgibt ein goldenes Licht deine physische Struktur. Dieses goldene Licht dringt tiefer und tiefer in dich hinein. Wenn es bis zur Ebene der Zellen oder Atome eingedrungen ist, fühle, wie ein goldenes Strahlen von dieser Ebene her kommt und sich bis zur Peripherie des Kreises ausdehnt. Diese Kreisperipherie beginnt zu glühen und mit Schwingungen zu antworten, um das goldene Licht wieder zu reflektieren. Dieses goldene Licht strahlt also wieder zurück in deine physische Struktur hinein. Du läßt diese neue Qualität des Strahlens wieder bis zur atomaren Struktur eindringen und einen Lichtstrom in Gang setzen, der wieder nach außen zur Peripherie des Kreises strahlt. Laß diese Visualisierung etwa zehn Minuten dauern. Versuche, bis zur Erfahrung vorzudringen, wo du das Strahlen simultan, nicht in der Aufeinanderfolge erlebst. Sieh nun, was mit dir geschieht. Laß dieses Bild nach zehn Minuten los und gehe in deinen eigenen meditativen Zustand. Bleibe in dieser Meditation, solange du möchtest. Wenn du fertig bist, schreibe kurz auf, was du erlebt hast. Mache diese Meditation wiederum zwei Wochen lang. Schau dir am Ende dieser zwei Wochen nochmals deine Notizen über diese zweiwöchige Meditation an und integriere das, was während all dieser Meditationserfahrungen geschehen ist, in deine Erkenntnis.

Lektion 12

Wenn wir nun fortfahren, über das Channeln zu sprechen und uns dabei vor allem auf die physische Existenz konzentrieren, ist es vielleicht wichtig, die physische Existenz in Beziehung zum Ganzen zu sehen und die Bewegung dieser Ganzheit zu spüren, wie sie mit ihren Schwingungen das, was wir physische Existenz nennen, durchdringt.

Am Ende dieser Lektion findet ihr einige Diagramme. Schaut euch nun bitte die erste Tabelle an, die ich als „Tabelle der Schwingungen" bezeichnet habe. Du kannst dort sehen, wie die Linie der Schwingungen aus dem Zentrum kommt und dann breiter wird. Hier wird die Schwingung langsamer. Diese Schwingungsbewegung beinhaltet zu siebzig Prozent die monadische Stufe und zu dreißig Prozent die Seele, in denen zehn Prozent die physische Existenz ausmachen. Nun habe ich diese Prozenteinteilungen willkürlich vorgenommen. Wenn du kurz die zweite Tabelle anschaust, siehst du eine genauere Analogie, die diese Strömung in einem Kreis darstellt. Dadurch kannst du deutlicher dieses prozentuale Verhältnis sowie die Beziehung der physischen Existenz zum Ganzen erkennen. Wir werden uns in Kürze mit dieser zweiten Tabelle der Schwingungen befassen. Jetzt aber wollen wir zur ersten Tabelle zurückkehren und sehen, was geschieht, wenn du auf der physischen Ebene deine Fähigkeiten zu channeln einsetzt.

Zunächst wird die Verbindung über das, was wir schwingungsmäßige Gipfelerlebnisse nennen können, hergestellt. Wenn ihr einen kurzen Blick auf die Tabelle Nummer drei werft, seht ihr, daß dort bestimmte Zahlen diese Gipfelpunkte in dem Fluß der Schwingungen miteinander verbinden, und ich habe wiederum willkürlich zehn solcher Punkte mit Zahlen in jeweils entgegengesetzter Richtung gewählt. Oben beginnen sie mit der Zahl eins auf der Mit-Schöpfer-Stufe und gehen bis zur Zahl zehn in der physischen Existenz, und unten habe ich die Zahlen umgekehrt. Damit will ich euch die gegenläufige Art der Bewegung in eurem Kanal deutlich machen.

Kommen wir zur ersten Tabelle zurück. Wenn du deinen Kanal öffnest, beginnt eine Schwingung oder ein Bewußtseinsmoment stark in Bewegung zu kommen, wie es die wellenförmigen Zick-Zack-Linien zeigen, die durch die Seelenstufe laufen und dann so tief in die monadische Stufe eindringen, wie es dein Bewußtsein erkennen oder realisieren kann. Die monadische Stufe scheint eine individuelle zu sein, aber das scheint nur so. Sie ist das immer durchdringendere und zunehmend kollektive Bewußtsein des Ganzen. Beim Channeln dringst du nämlich in dieses kollektive Bewußtsein ein. Und diejenigen von uns, die mit euch etwas vorhaben, können sich durch diese von euch stimulierte Schwingung mit euch in Verbindung setzen und dann wieder kollektiv durch deinen Kanal zurückfließen. Der Bereich, den wir physische Existenz nennen, ist äußert appellativ. Er hat eine große Macht zu stimulieren und zu erschaffen. Und dies gilt umso mehr, je solider oder langsamer die Schwingung ist. Diese Behauptung muß noch deutlicher erklärt werden. Ich meine damit in Wahrheit dies: Wenn dein Bewußtsein beim Channeln in Schwingungen ,auf die Reise geht', ruft es eine umfassende Reaktion hervor, auch wenn du dir dessen nicht bewußt bist. Wir könnten hier von Wahrscheinlichkeiten sprechen und sagen, daß du jedesmal beim Channeln eine mögliche Realität erschaffst, die sich zu einem Bewußtseinsstrom verdichtet, der letztlich genauso universell sein wird wie der Bewußtseinsstrom, den du in der Erde und ihrer Rolle innerhalb des Ganzen erkennst.

Du wirst bemerkt haben, daß die physische Existenz in Tabelle 1 auf der einen Seite der Skala und die Mit-Schöpfer-Stufe am andern Ende steht. Diese Tabelle dient dazu, euch zu zeigen, daß die physische Existenz in gewissem Sinne tatsächlich die Mit-Schöpfer-Stufe ist, nur in bezug auf die Schwingungen verlangsamt und „durchdringender", wenn du willst, als die voll entfaltete feinere Schwingung am andern Ende der Skala. Mir scheint, daß dein Channeln der fortschreitende Weg ist, um das fortschreitende Verständnis beider Blickwinkel oder in Wahrheit vielleicht der gesamten Schwingungsskala zu befördern. Ich will das mit einem Beispiel illustrieren.

Wenn du Klavier spielen lernst, mußt du Etüden und Tonleitern üben, und du wirst alle Noten der Tastatur hinauf und hinunter spielen. Die linke Hand wird die Tonleiter genauso üben wie die rechte. Sie bekommt aber spezifische Akkorde oder Akkordkombinationen zu üben, um der besseren Übungsfähigkeit der rechten Hand zu entsprechen. Ich verallgemeinere hier natürlich. Ich will damit sagen, daß die niedrigere oder langsamere Schwingung die Grundlage dafür ist, daß die höhere überhaupt stattfinden kann. Die solide gespielten Akkorde der linken Hand bilden das Punkt/Kontrapunkt-Abenteuer, das die Möglichkeiten der gesamten Tastatur zeigt und sie verdeutlicht. Wenn du ein Instrument spielst — ich habe hier nur als Beispiel das Piano gewählt —, so schöpfst du alle seine Möglichkeiten aus und bedienst dich bei dieser Entdeckung vor allem der Stärken dieses Instruments.

So wird auch auf der Tastatur der Existenz gespielt, und dabei wird der physischen Existenz diese stabilisierende oder vereinheitlichende Schwingung zuerkannt, die die Voraussetzung dafür ist, daß die höheren Entdeckungen strahlender, vollkommener und gewiß auch viel genußreicher werden. Ihr alle legt jetzt in eurer physischen Existenz den Grundstein für euer spirituelles Leuchten, euer eindringendes Verständnis, kurz für eure umfassende ‚Karriere‘ auf der Mit-Schöpfer-Stufe. Jedes Mal, wenn du deinen Kanal öffnest, spricht oder vibriert diese Basis, physische Existenz genannt, in einer Weise, daß die feinere Schwingung einen bestimmten Punkt erkennt, der dann in diese feinere Schwingung integriert werden kann.

Ich will es noch anders ausdrücken. Jedesmal, wenn du channelst, hast du ein Gespräch oder eine Kommunikation mit der höheren Schwingungsebene. Die physische Existenz kommuniziert durch dich mit dieser höheren Ebene und setzt damit einen stimulierenden Verschmelzungsprozeß in Gang. Kannst du erkennen, wieviel du mit deinem Channeln für die Existenz, für die Quelle, tust? Es ist sicher ein wichtiger Aspekt beim Channeln, allen auf der Erde, dich eingeschlossen, zu helfen, aber wir haben vielleicht noch nicht so eindringlich, wie ich es jetzt tun möchte, über die Wirkung gesprochen, die das Channeln auf den spirituellen Bereich ausübt.

Beginne also, die integrierende Wirkung auf den Kosmos zu spüren, die du als Kanal ausübst. Nimmt es da wunder, meine Freunde, daß die Zahl spiritueller Lehrer, die sich eurem Planeten nähern, zunimmt? Dieser Punkt der Evolution, an dem sich die Erde nun befindet, diese Schwingungsstufe, die ich den Umschlag der dritten in die vierte Dimension nennen möchte, ist aus mehrfachen Gründen außerordentlich wichtig. Wie ich schon früher gesagt habe, ist diese Schwingung solide und entsprechend machtvoll in ihrer Wirkung. Zudem hat die Evolution auf eurem Planeten einen Punkt erreicht, an dem die Channels in der Lage sind, die Seelenstufe auf der physischen Ebene gut zu verankern und auf diese Weise innerhalb dieses soliden machtvollen Kontaktpunktes eine elektrische Wirkung zu erzeugen, die normalerweise im langsam schwingenden Teil der dritten Dimension nicht existiert. Erst in dem Augenblick, in dem sich die Erde der vierten Dimension nähert, beginnt sie, die elektrisch magnetische Kraft, die ihr Potential ist, nutzen zu können. Ich verallgemeinere hier allerdings, denn natürlich ist auch die Energieströmung elektrisch, aber ich spreche hier von einem bestimmten magnetischen Punkt, wo die Strömung strahlend wird und so ihre volle appellative Wirkung ausübt.

Es ist wichtig, daß ihr wirklich versteht, wieviel größer der Kosmos als ein kleiner Planet, Erde genannt, ist. Ihr seid wichtig, aber nicht als Planet, wie ihr manchmal denkt. In kosmischer Sicht seid ihr jung. Kollektiv gesehen, wachst ihr eifrig und mit großer Freude, obwohl ihr es wohl nicht so ausdrücken würdet. Wir könnten euch insgesamt als einen Planeten darstellen, der eine Verpflichtung eingegangen ist, weil ihr nun zum ersten Mal die Notwendigkeit dafür einseht. Sehr viele von euch machen sich große Sorgen über die Erde und das Ganze. Zum erstenmal auf dieser Erde hat die Fürsorge einen Grad der Offenheit erreicht, der euren Planeten schwingungsmäßig nach oben in die vierte Dimension zieht. Gewiß sind daran nicht nur die Menschen, sondern alle anderen Naturreiche auch beteiligt.

Weil eure Fürsorge also gewachsen ist, versucht ihr das Channeln zu verstehen. Und diese Praxis des Channelns setzt einen umfassenden Reinigungsprozeß im Ganzen in Gang. Eure Erde spielt also eine wichtige Rolle bei dieser kosmischen Reinigung, die jetzt im Universum stattfindet. Wenn ihr das versteht, wird es euch genauso wie mir helfen, einen sehr optimistischen Standpunkt über die Menschheit, die Entwicklung eures Planeten und über die gemeinsame Erschaffung dieses aufregenden Neuen Zeitalters zu gewinnen, dieses New Age, das ihr sucht, weil das heißt, daß ihr Teil eines größeren Zusammenhangs im Kosmos seid. Ihr habt eure Rollen auf diesem Planeten, und andere haben die ihren auf anderen Planeten. Auch wir, die wir keine physische Existenz mehr haben, spielen unsere Rollen. Und als Kanal könnt ihr helfen, viele dieser Rollen miteinander zu verbinden. Channels sind also das einigende Band in dieser kosmischen Reinigung, die wie eine frische Brise durch das Universum weht.

Schau dir nochmals die erste Tabelle an. In dem Maße, wie du immer mehr Erfahrung als Channel sammelst und klarer wirst, kannst du die Öffnung deines Kanals in der Weise zentrieren, daß sie den freien Durchlauf der Schwingung erlaubt: Ich möchte sagen, sie kann weiter reisen, obwohl wir vielleicht auch sagen könnten, sie geht eine feinere Verbindung ein.

Wenn deine Kanalverbindung gut zentriert ist, fließt sie in der klarsten Sicht, die durch die Evolution „reingefegt" worden ist. Diese Reinigung ist das Herz jeder Existenz. Durch deine Fähigkeit, dich als Channel zu zentrieren, und durch deine klare Verbindung schwingst du beständig aus diesem immer klarer und ausdrucksvoller werdenden Punkt, der es dieser Kraft, die du auf der physischen Ebene hast, mit jenem Multiplikationspunkt auf der spirituellen Ebene in Kontakt zu kommen erlaubt, der dir auch dann noch neue Verbindungsströme erschließt, wenn du aufgehört hast zu channeln. Ich meine damit, daß du durch diese Zentrierung zum Herz der Schwingungsströmung vordringst und auf dieser Strömung zu einem zentralen Punkt gelangst, der für dich den Multiplikator auf der spirituellen Frequenz darstellt, die sich deine Seele ausgewählt hat.

Dies geht über die lineare Zeit hinaus, so daß dieser Multiplikatorenpunkt zu einem Teil deines Schwingungsspektrums geworden ist. Du hast ihn durch deinen Zentrierungspunkt hinzugefügt, der die Fähigkeit besitzt, diesen Multiplikator immer anzurufen. Er ist ein Teil von dir, auch wenn du gerade nicht channelst. Denn dieser Punkt war durch deinen Channeling-Kontakt schon seit je mit deiner Schwingung verbunden. Ich möchte dir hierfür ein Beispiel geben.

Eines Tages hast du Lust zu einem Spaziergang auf dem Lande. Du nimmst natürlich deine physische Struktur mit auf den Weg. Nehmen wir an, daß auf dem Weg sehr viele Apfelbäume mit reifen Äpfeln stehen. Es gibt viele verschiedene Sorten von Apfelbäumen. Eine bestimmte Sorte magst du ganz besonders. Es gibt vielleicht auf deinem Spaziergang einen Zeitpunkt, wo du einen Apfel von diesem Baum wählen und essen kannst. Und das tust du auch. Du genießt ihn, denkst aber nicht mehr bewußt an diesen Apfel, nachdem du ihn verspeist hast. Und dennoch ist der Apfel immer noch ein Teil deiner Existenz. Seine Substanzen kräftigen dich und nähren deinen Körper. Und er ist für alle Zeit ein Teil von dir. Durch das Essen des Apfels hast du eine multiplikatorische Wirkung möglich gemacht. Eine solche Verbindung durch Channeln oder Apfelessen erlaubt dir, auf vielen Ebenen und vielerlei Art die Energie oder die Nahrung aus dieser Verbindung aufzunehmen. Du könntest also sagen, daß das Ganze auch einen Nutzen davon hat, wenn du einen Apfel ißt.

Wenn du also eine Verbindung mit deinem Kanal herstellst, wird durch die besonderen Schwingungskontakte eine Assimilation sowohl in dir wie auch im Ganzen in Gang gesetzt. Schau dir nun die Tabelle Nummer zwei an, und du siehst, wie ich schon gesagt habe, daß wir die Schwingung in einem Kreis veranschaulicht haben, in dem die 'Mit-Schöpfer-Stufe, die den Zustand voller Realisierung des Bewußtseins und gänzlich ausgeglichener Schöpferkraft darstellt, als Energieströmung gezeigt wird, die vollständig zentriert ist und strahlt. Die monadische Stufe ist als Strömung dargestellt, die natürlich jene Mit-Schöpfer-Stufe enthält, sich aber über 70 Prozent der Strömung ausdehnt und danach in eine Schwingung übergeht, die die Seele genannt wird und die die physische Existenz mitumfaßt. Du kannst auch erkennen, daß die Seelenstufe buchstäblich die physische Existenz umgibt.

Wenn man diese Strömung als Kreis betrachtet, kann man über die scheinbaren Gegensätze hinaussehen, die sich in der linearen Darstellung der ersten Tabelle zeigten, wo es schien, als läge die physische Existenz in weiter Entfernung von der Mit-Schöpfer-Stufe. Es ist natürlich notwendig, zu erkennen, daß die Mitschöpfer-Stufe diesen zentrierenden Vorgang bedeutet, der in diesem Diagramm gezeigt wird. Du kannst dich über deinen Kanal mit jener Mit-Schöpfer-Stufe durch diesen zentrierenden Prozeß, den ich geschildert habe, verbinden. Denke daran, daß das eine Schwingung ist und diese natürlich einer Spirale ähnlicher ist als einem Kreis. Deswegen muß deine Zentrierung in einer fließenden Bewegung erfolgen, um sich mit der Schwingungsfrequenz jener Mit-Schöpfer-Stufe, die sich ständig entwickelt, sozusagen in Einklang zu bringen. Das ist für viele Channels einer der wichtigsten Punkte: daß in das Bewußtsein sowohl ein Verständnis der Struktur als eines Unterstützungssystems als auch ein Verständnis von der strömenden Bewegung und dem ewigen Wechsel hineingenommen werden muß. Wegen der soliden Natur eurer Verbundenheit mit der physischen Existenz glauben viele von euch, daß es damit getan sei, eine spezifische Verbindung herzustellen. Ihr habt eine spezifische Art oder einen idealen Weg, der in alle Ewigkeit in einer bestimmten Schwingungsweise fortdauert. Natürlich gibt es einen göttlichen Entwurf oder ein Ideal, aber das ist nicht statisch oder eine immer gleiche Schwingung.

Es entwickelt sich und wandelt sich beständig.

Die Struktur eines „Zentrierungssystems" dient dazu, dieses strahlende Zentrum zu erreichen, das ich die Mit-Schöpfer-Stufe genannt habe und das sich ständig wandelt. Man muß die wahre Natur der Quelle voll verstanden haben, bevor man diese scheinbar paradoxen Behauptungen zu verstehen beginnt, nämlich daß die Quelle alles weiß und sich dennoch ständig entwickelt. Wenn deine Channeling-Verbindung in dieses strahlende Zentrum auf der Mit-Schöpfer-Stufe eindringt, verbindet sie sich besonders mit einer Strömung oder einem Schwingungsfluß, der alles, was ist, zu sein scheint. Anders gesagt, übermittelst du aus jener Channeling-Verbindung eine ganz spezifische Information. Wenn du mit Worten channelst, kann diese Verbindung übermitteln: „Dies ist die Quelle, ICH BIN die Quelle." Das ist die Wahrheit. Aber das ist die Quelle von nur einem bestimmten Blickwinkel aus gesehen. Und um einen klareren Zugang zur Quelle zu erhalten, sollte man zulassen, daß sich jener Blickwinkel in seiner Besonderheit darstellt, um seine Stärken zu zeigen und um klar zu machen, zu welchem Zweck er diese Verbindung herge-stellt hat. Damit kann er einen Assimilationsprozeß in Gang setzen. Es ist vermutlich immer noch eine Illusion zu denken, daß du als Kanal auf der physischen Ebene eine Verbindung herstellen kannst, die die umfassende Natur der Quelle vermitteln kann.

Ich will damit nicht sagen, daß ihr alle das tut. Aber ich möchte euch ermuntern, etwas mehr Unterscheidungsver-mögen in bezug auf das Channeln einzusetzen, damit ihr ohne Illusionen lernt. Unsere Quelle beinhaltet alle Per-spektiven, die sich vermischen und in eine umfassendere Natur allen Seins zusammenfließen. Wenn du dich mit dieser Strömung verbindest, bringst du der physischen Ebene und damit, mein Freund, der Quelle selbst, eine harmonische Vermischung, ein umfassenderes Verständnis und eine klarere Sichtweise. Das ist das ewige Ziel. Ja, du wirst in deiner Evolution einen Punkt erreichen, wo du ganz die Natur allen Seins erkennst. Aber es ist vielleicht eine Illusion zu glauben, daß die, die sich noch in physischer Existenz befinden, schon das Verständnis von den Schwingungen besitzen, das nötig ist, um diese wirklich ehrfurchtgebietende Gegenwart in ihrem vollen Sinne auszudrücken.

Du mußt wissen, daß dein Channeln eine Wirkung auf das Ganze hat. Deine Fähigkeit, während des Channelns in Harmonie zu sein, macht eine noch umfassendere Wirkung möglich. Mach dir das bewußt, wenn du die Tabelle Nr. 2 betrachtest. Deine Channeling-Verbindung, die von dem Punkt oder Bereich ausgeht, den ich physische Existenz genannt habe, fließt zum Zentrum, durch die Seelenlandschaft hindurch und nähert sich der Mit-Schöpfer-Stufe in dem Maße, wie du es zuläßt. Die Verbindung stimuliert dieses strahlende Zentrum und bringt dadurch eine noch größere Strahlung hervor. Lohnt das nicht jede Mühe, mein Freund, jeden Einsatz, um deinen Kanal zu klären, wenn du solche Wirkungsmöglichkeiten auf der physischen Ebene erkennst? Du selbst kannst ja dieser besondere „Stein" sein, der weite Kreise zieht, wenn er in den Teich geworfen wird, und damit seinen Einfluß immer weiter und ewig nach außen strahlen läßt. Du bist niemals derselbe, genausowenig wie alles andere im Kosmos. Wir können also sagen, daß du bereit bist zu channeln, daß du aber ein deutliches Anzeichen dafür brauchst, ob dein Channeln auch eine Wirkung hat und es sich lohnt, damit fortzufahren. Ich hoffe, daß du unser heutiges Gespräch tief in dich aufnimmst, in die Seelenstufe hineingehst und diesen kosmischen reinigenden Wind, der durch den Kosmos weht, erkennst und dich tatsächlich als ein Teil davon siehst.

Ich halte all das, was wir gerade besprochen haben, für sehr wichtig. Ich hoffe auch, daß es euch beim Channeln anspornen wird. Denn von Zeit zu Zeit werden einige von euch hinsichtlich der eigenen Fähigkeiten und des Channelns ein wenig entmutigt sein. Aber die Mühe lohnt sich, mein Freund, und deine Anstrengungen werden bemerkt und anerkannt. Wir können das strahlende Zentrum, das wir die Mit-Schöpfer-Stufe nannten, als die Natur des Herzens ansehen. Jedesmal, wenn du dich mit diesem Zentrum verbindest, gewinnst du ein klareres und stärker im Herzen zentriertes Verständnis, das dir die Erkenntnis vom Wesen der Liebe auf der physischen Ebene eröffnet. Das Channeln und deine Bemühungen darum machen so dein Herz immer offener.

Nun wollen wir uns gemeinsam die Tabelle Nummer drei ansehen. Mit dieser Tabelle will ich euch zeigen, was beim Channeln geschieht. An der Stelle, die physische Existenz benannt ist, könnt ihr die Nummer eins und zehn sehen. Damit ist angedeutet, daß ihr euch tatsächlich beim Channeln mit Schwingungen verbinden könnt, die von eins bis zehn reichen. Jene Schwingung, die das gesamte Schwingungsspektrum enthält, wird euch durch die Konzentration auf euren Kanal zugänglich. Wenn ihr euren Kanal öffnet, passiert dasselbe, wie wenn ihr einen Ball mit einem Hammer schlagt, der hochschnellt, eine Klingel in Bewegung setzt und dann wieder hinunterfällt. Ihr erkundet die Schwingungsbreite von der Nummer eins bis zehn. Dann kommt ihr zur Nummer zwei zurück und erforscht die Nummern zwei bis neun. Dann die Nummern drei bis acht, vier bis sieben, fünf bis sechs, und an diesem Punkt seid ihr bereit, die Einschaltung der Channeling-Verbindung zuzulassen. Es ist der Punkt, wo die fünf und die sechs sich umschalten auf die sechs und die fünf, die viele von euch erreichen, und das ist auch die

Stelle, wo wir euch begegnen.

Ich habe den Punkt, den ich für die Verbindungsstelle vieler Channels halte, mit X markiert. Das ist weder gut noch schlecht, sondern es ist einfach so. Wenn du nun deine spezifischen Widerstände losläßt, erfolgt diese Einschaltung, die einen hohen Grad von Klarheit und Durchdringung beim Channeln ermöglicht. Normalerweise muß ein bestimmter Körper dafür neu ausgerichtet werden, oder er muß seine gewohnte Anschauung loslassen, die ihn „in Kontrolle" hält. Für viele von euch ist das der Mentalkörper, für einige andere der Emotionalkörper, für wenige der physische Körper. Der betreffende Körper, der diese Kontrolle loslassen muß, wird dies tun und sich einschalten, weil das gesamte Vier-Körper-System sich entschlossen hat, zu channeln. Das ist der Moment der „Hingabe", der es dir als Channel erlaubt, eine Brücke zu bilden zwischen deinem individuellen Zustand und der multiplikatorischen Wirkung, über die ich schon gesprochen habe. Das ist der Augenblick, der besagt, daß ich die Erkundung der Stelle sechs-fünf beim Channeln zulasse, dann die sieben-vier, dann die acht-drei, dann die neun-zwei und schließlich die zehn-eins. Und dann werde ich erfahren und verstehen, daß der Punkt zehn-eins dasselbe ist wie der mit eins-zehn bezeichnete. Es ist der Punkt, an dem du Beziehungen als Schwingungen erkennst. Dieser fünf-sechs, sechs-fünf Punkt des Loslassens bedeutet die Hingabe des unbewußten schöpferischen Prozesses an einen Punkt, wo die Bewegung der Schwingungen einfach von eins-zehn bis zehn-eins und dann wieder zurückfließt. Das ist natürlich letztlich das Ziel — eine Verbindung zu der Quelle herzustellen, die klar und frei von Stockungen und Widerständen ist.

Was ist also das eigentliche Ziel des Channelns? Das Ziel ist, eine Verbindung herzustellen, die zwar in spezifischer Weise erforscht wird, aber voll und ganz die Botschaft erfaßt und ordnet, ohne bestimmte Teile davon zu unterdrücken oder auszulassen, ob es sich bei der Botschaft nun um Worte oder Schwingungen handelt. Das ist in Wahrheit der Vorgang der Hingabe in der Praxis. Viele von euch wollten vollkommener verstehen, was Hingabe ist. Euer Channeln ist das vollkommene Instrument, um diesen Ausdruck der Hingabe zuzulassen. Es ist Hingabe in der Praxis, nicht bloß in der Theorie, wenn eure vier Körper beim Channeln das Strömen dieses größeren Ausdrucks zulassen — nicht nur in die physische Existenz hinein, sondern auch zum Ganzen. Über dieses Instrument, daß wir Kanal nennen, findet tatsächlich Hingabe statt, Hingabe an das schöpferische Potential, das ihr besitzt. Und ich beziehe mich hier auf alle Arten des Channelns, nicht nur das verbale, sondern auch das Heilen, Tanzen, die bildenden Künste, das Schreiben, alle Möglichkeiten, die es gibt.

Wenn der Kanal vibriert und sich von einer Energiekombination zur nächsten bewegt, werden sich bestimmte Möglichkeiten, diese Energiekombination zu nützen, zeigen. In unserer nächsten Lektion will ich euch einige spezifische Informationen über bestimmte Energiekombinationen, die ihr mit eurem Kanal erreichen könnt, geben. Mit anderen Worten: Die Stufe für das beste Heilen ist die acht-drei-Kombination. Andere Kombinationen haben andere spezifische Zwecke. Wir werden also in der nächsten Lektion darüber sprechen, wie wir die Tabelle Nummer drei in praktischer Weise umsetzen können, damit wir zu einem Channel werden, der den ganzen Prozeß so umfassend kennt, daß euer Wissen über das Channeling-Geschehen von der Seelenstufe gelenkt wird und auf diese Weise eure Evolution und die Absichten eurer Seele unterstützt.

Tabelle der Schwingungen und ihrer Bewegung Nr. 1

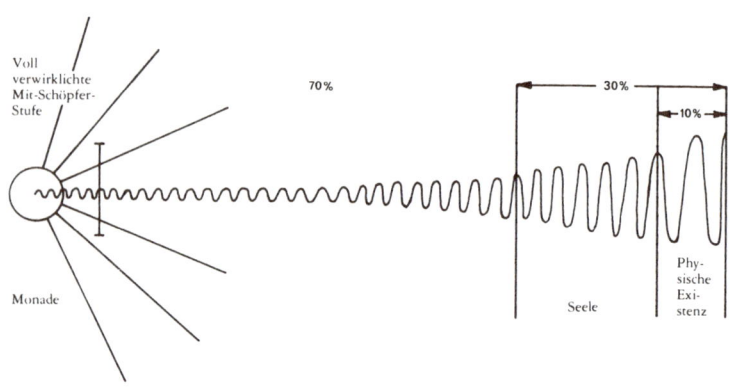

Korrespondenz der Schwingungen — Tabelle Nr. 3

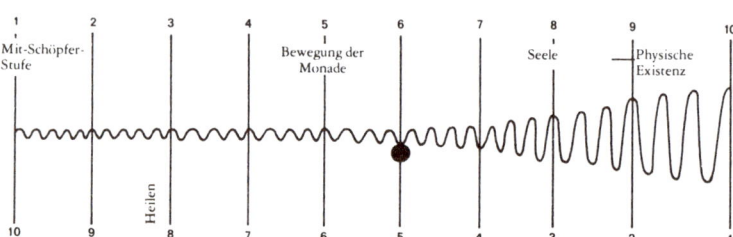

172

Bewegung der Schwingungen
Tabelle Nr. 2

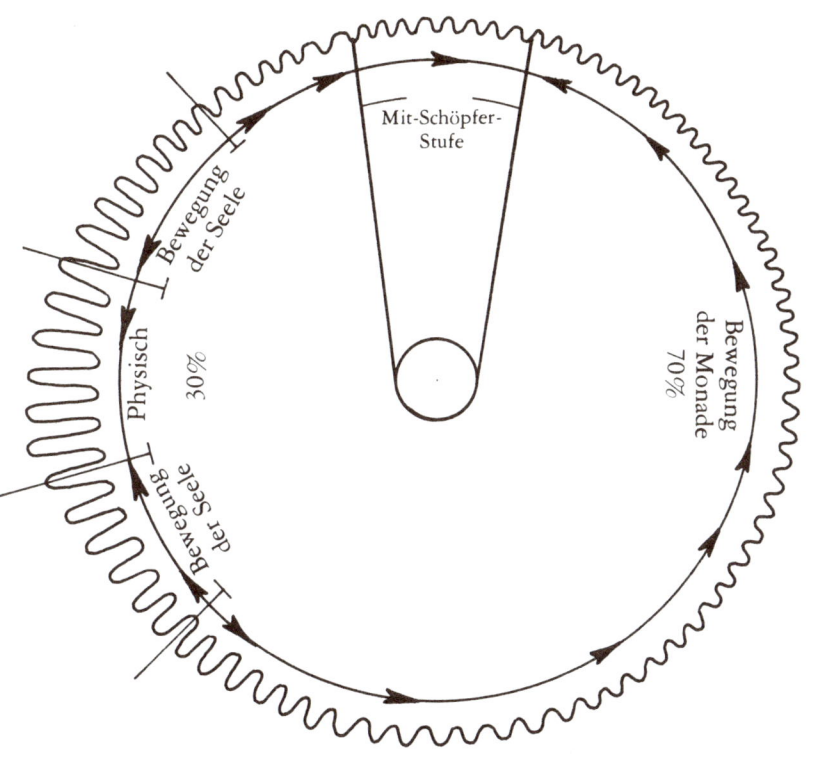

Monade   70%
Ausgedehnte Substanz   30%
(umfaßt 10% der
Physischen Existenz)

MEDITATION

Vor dir befindet sich eine Leiter. Sie lehnt nicht gerade, sondern hat eine leichte Neigung von etwa dreißig Prozent. Du kannst leicht von einer Sprosse zur andern gelangen. Du kommst sogar ziemlich schnell voran, bewegst dich schnell von einer Sprosse zur andern. Jede Sprosse hat eine andere Farbe. Alle Farben des Regenbogens sind vertreten.

Diese Leiter stellt das ganze Spektrum der Schwingungen von der physischen Existenz bis zu der feinsten Schwingung, die ich die Mit-Schöpfer-Stufe genannt habe, dar. Jede besondere Sprosse hat viele Eigenschaften, die einzeln wahrzunehmen sind, die aber auch ein Fortschreiten zur nächsten Leitersprosse erlauben. Erkunde bitte in einer Reihe von Meditationen deine Leiter. Beginne damit, zunächst immer eine Sprosse zu erforschen, und entscheide, wieviel Sprossen da sind, mindestens zwölf, aber auch mehr, wenn du willst. Erforsche nicht alle während einer Meditation. Du kannst sie vielleicht alle in zwei oder mehr Meditationen erforschen. Anders gesagt, wenn du dich für zwölf Sprossen entscheidest, solltest du am ersten Tag nicht mehr als sechs erforschen und am zweiten Tag auch nicht mehr als sechs. Dann kannst du am dritten Tag oder wenn du dafür bereit bist, die folgende Übung machen.

Lausche mit deinem Wissen und höre die Schwingung eines Tones. Du verbindest dich über deinen Kanal wie sonst mit diesem Ton und beginnst auf deiner Leiter zu tanzen, denn du weißt ja, daß du leicht auf ihr balancieren kannst. Du hast die Qualitäten jeder Stufe dieser Leiter kennengelernt. Konzentriere dich nun nicht mehr individuell auf die einzelnen Eigenschaften, sondern laß sie sich so vermischen, daß dein Tanz alle Sprossen der Leiter in einem wundervollen integrierten Fluß umfaßt. Mach dir bewußt, daß dies die Strömung in deinem Kanal ist, während das Bewußtsein sich durch die verschiedenen Schwingungsstufen, durch die Verbindung von Schwingungen, die du hergestellt hast, hindurchbewegt. Betrachte diese Meditation als eine meditative Bewegung, die es dir erlaubt, in umfassender Weise alle die Stufen, die wir Sprossen nennen, zu erforschen. Das nächste Mal will ich euch weitere Informationen über diese Stufen geben, aber inzwischen wird dir dein eigenes Wissen eine Durchdringung und Vermischung all dieser Stufen durch diese meditative Übung erlauben.

Mit Dank und Liebe,

Vywamus

Vywamus / Janet McClure

Du hast die Wahl...

ch. falk-verlag